スマホ
さくさく
ポイント投資
少額投資

Buu

ぱる出版

はじめに

おはようございます。コンビニ店員の前畑うしろです。

このたび、おかげさまで「**スマホさくさくポイント投資、少額投資**」が発売されました。

前作、「**ポケットマネーではじめる月１５００円のＥＴＦ投資**」(http://pal-pub.jp/?p=5053) は私のような境遇にいる全国の３５歳を過ぎたコンビニアルバイト店員の人たちに、ＥＴＦ投資で少しでも生活が豊かになれればとの思いを込めて企画、そして、出版に至りました。

しかし出版後、ありがたいことに幅広い年齢層や様々な職業の方々にご購読いただいたうえ、嬉しいメッセージが発売後２年近く経った今でも届いていることに私が一番驚いております。

そして今回、２０代、３０代の若い人たちにスマホ（スマートフォン）でのポイント投資や少額投資が注目されていることを知り、スマホ操作に四苦八苦している私のような中高年世代でも簡単にできる解説本を、ぱる出版さんのご協力のもと出版させていただきました。

ポイントを使った投資をきっかけに本格的な投資を始めようと考えている人は第１章（★１つ）と第２章（★２つ）の星印で難易度を表現した章をマスターし、それから第３章（★

３つ）第４章、第５章（★４つ）へとステップアップすればいいと思います。

　投資歴１５年以上の私は、独学で資産を１０倍、いや、半分以上失いました。こんな私のように知識がないまま投資を始めると必ず失敗します。

　ですから、若い人たちにはこれから何十年と豊富な時間があるので失敗しない投資力を身につけていただきたいのです。

　そうすれば、将来の仕事や年金の不安を抱えながら人生を送る必要はないので、本書の前半、**ポイント運用とポイント投資**をゆっくりと時間をかけて実践して、それから第３章以降へ進んでいかれることをおすすめします。

　あなたが投資経験者ならば、第３章から読み始めて、ポイントを使った投資に興味があった際には第１章と第２章に戻られると面白いかもしれません。第６章（★５つ）と第７章（★５つ）では私の投資テクニックも紹介しています。前作をご購読された方はこのふた章だけでもご満足いただけると自負しております。

　そして今回、お忙しい中、本書の出版にご協力いただいた編集・制作スタッフのみなさんには心より感謝しております。
　「ホンマおおきに」

第3章

スマホ片手に少額投資

第4章

投資で成功するためのヒント

第5章

スマホ投資でＥＴＦを買おう

第6章

ＥＴＦ投資で失敗しないために

第7章

ＥＴＦ投資のプロになる

Web サイト：楽天証券 (https://www.rakuten-sec.co.jp/smartphone/)
　　　　　　ネオモバ (https://www.sbineomobile.co.jp/)
　　　　　　Point Town (https://www.pointtown.com/ptu/top)

※サイトページは 2020 年 7 月現在のものです。内容が変更される場合があります。

第1章

スマホでポイントを運用しませんか

★

1. 貯まったポイントを運用しよう

■ここからあなたが投資家になる

昨今では皆様ご承知の通り、コンビニやスーパーをはじめネットショップでの買い物ほとんどにポイントがついてきます。また、飲食店、ドラッグストア、美容院やエステなどの様々なサービスにおいてポイントがもらえる時代です。

そんなポイントを運用して１００ポイント（１００円）で手軽に疑似投資ができるサービスが２０代、３０代の若い世代に人気があることを知り、私も楽天㈱が運営する人気のポイントサービス、**「楽天ポイント」を使って体験**してみました。

楽天ポイントだと、ネットショップ業界最大手「楽天市場」の買い物でポイントが貯めやすく利用者が多いということで安心です。その前に一つだけ。第１章の**「ポイント運用」**と第２章の**「ポイント投資」**は同じ様に楽天ポイントを利用できるのですが全く別のサービスなので、**「運用」**と**「投資」がごちゃごちゃにならないように注意**してください。

まずこの章では「ポイント運用」から。(001)
貯まったポイントで投資の疑似体験ができるサービスがこ

001

こで紹介する楽天の「ポイント運用」です。現金は不要、ポイントだけでできるサービスです。

「ポイント運用」の**最大の特徴は口座開設が必要ない**こと。つまり、ポイントさえあればアプリをダウンロードしてすぐに参加できるすばらしいサービスです。 そのポイントも、当時楽天カードを新規で作ることでくれた（７０００ポイント）ものです。

そしてもう一つ、**１００ポイントから運用ができる**こと。これは投資のことなどまったくわからないはじめての人にはゲーム感覚で楽しめるのでおすすめです。

また、運用方法も２コースから選ぶだけなのでとてもシンプル。貯まったポイントを楽天証券が販売する投資信託（投資信託についてはのちほど説明）の基準価額に連動した**「アクティブコース」**と**「バランスコース」**の２種類を選択してポイントを運用します。

「アクティブコース」は株式投資の比率が高い投資信託で日々の動きが大きく、変動が激しい積極型のコースです。
一方、「バランスコース」は債権型の投資信託コースで日々の動きが小さく、変動率も低い安定型のコースです。

　もちろん、どちらのコースを選ぶのかは自由ですが、統計によると利用者の8割がアクティブコースを選択しているようで、これから積極的に投資を始めようとしている若者が増えてきている傾向だと思えます。

　ちなみに、楽天の期間限定ポイントや他から交換した楽天ポイントは利用できませんのでご注意を。

　こうしてあなたが本書を手に取った時点ですでに投資、特にポイントを使ったスマホでの投資に興味を持たれているはずです。それなら、いま何気なく使っているポイントカードやポイントサービスで口座を作らずにポイントを有効活用できる方法があるかもしれないので、一度お調べになってみてはいかがでしょうか。

　私が調べたところ、楽天以外にも**口座を作らなくてもポイントで投資の体験ができるサービス**は、ローソンのポンタカードに貯まったＰｏｎｔａポイントで運用ができる**ＳＴＯＣＫ ＰＯＩＮＴ ｆｏｒ ＣＯＮＮＥＣＴ**や**au PAYポイント運用**、ドコモのｄポイントで運用する**ポイント投資**などがあります。

2. 楽天ポイントを使って 気軽に投資体験

■スマホでさくさくポイント運用

「習うより慣れよ」。まずは楽天のポイント運用とはどういったサービスなのかをみなさんにお伝えするのに、自ら体験しなければ話になりません。

そこで実践、スマホで楽天ポイントを管理する「楽天Point Club」のアプリをダウンロードするところから始めました。

この章ではポイント運用までの流れについて画像と合わせてご紹介していきます。

今回は利用者の8割が選択している、日々の動きが大きくて積極的な運用を目指すアクティブコースを100ポイントからスタートすることにしました。（100ポイント単位で運用ポイントを追加できるシステムです）

002

16

　ここからはスタート時のコース選択とポイントを使っての運用を簡単に説明します。

　まずはエントリーから。(002)

　ポイント運用を始めると、もれなく１００ポイントがもらえるのはうれしいですね。

　それでは体験してみます。(003)

　ポイントを運用するコースは、利用者の８割が選択している「アクティブコース」、ポイントは１００ポイント設定で始めました。(004)

003

004

コースと追加するポイントに間違いがなければ、利用規約に同意して「追加する」をタップ。(005)

　あっという間に１００ポイントの運用ができました。（チャートでポイントが増減する仕組みを見ることができます）(006)

　とりあえず、１００ポイントで少し様子見。（ドキドキ、ワクワク）(007)

　数日後、１００ポイントの運用から９９ポイントに減っていました。（残念）(008)

005

006

007

008

さらに１００ポイントを追加して合計２００ポイントに。
（２００ポイントくらいなら、なくなってもいいかな）
　投資家気分を味わいながら楽しめます。(009)
　２００ポイントを使って現在１９９ポイント。
　運用はおまかせ。（ここはあせらずのんびりと）(010)

　それから毎日１００ポイントを追加して合計５００ポイントの運用。（な、な、なんと５０４ポイントに。ヤッター！）(011)

009

010

011

たった4ポイントでも増えるとうれしいですよね？

　操作も注文も簡単なのであとはほったらかし。

　運用は楽天におまかせなので、ポイントが増えるのを楽しみに待てばいいだけです。もちろんポイントが減ることもありますが、一喜一憂せずに投資の雰囲気を感じて下さい。

　まずは、**「１００ポイントくらいなら、なくなってもいいや」**という軽い気持ちからスタートして、慣れてくれば徐々に追加する方法がおすすめです。

　投資には興味があるけれどよくわからないし怖くてできないという不安な人には、ポイントだけで始められるポイント運用は楽しい投資体験になるはずです。

　そして次に紹介する**「ポイント投資」**にチャレンジして一つずつステップアップしましょう。

※このポイント運用がその後どうなったかは、カバーの最初にめくったオビ部分に、画像を貼っています

3. ポイント運用の メリットとデメリット
■小さいけれどリスクがある

　あなたがこれまでにコツコツと貯めた楽天ポイントで投資の疑似体験ができ、ポイントを増やすという楽しみがある一方、減るリスクも認識しておかなければいけません。

　楽天に限りませんが、「ポイント運用」のメリットとデメリットについて簡単に説明しておきます。

　まずはメリット。

　・投資家気分で疑似体験ができる。

　・ポイントだけなので、もし全ポイントがなくなってもダメージが少ない。

　次にデメリット。

　・ポイントと言ってもそのポイントで商品が買えるのでお金を減らすことと同じ。

　・疑似体験だから本格投資には向いていない。

　要は受け止める人それぞれの考え方次第、「たかがポイント、されどポイント」ということです。

　また、ポイントはショッピングなど何かを買ったときやサービスをうけたときについてくるので、これからポイントで投資、少額投資をスマホだけで簡単に始めたい人には魅力的なサービスなのは確かです。

　しかし、ポイントをたくさん持っていないという人もなかにはおられるかもしれません。

　そこで考えた私は、コンビニでよく見かける楽天ポイントギフトカードを購入すれば、この問題はクリアできるのでは…と１５００円（ポイント）分のギフトカードを安易に購入し、自分にポイントをチャージできないかを試してみました。

　が、そうは問屋が卸さない、楽天ポイントギフトカードのポイントは「期間限定ポイント」なので通常のポイントとは異なり、ポイント運用・投資には使えませんでした。（トホホ）

　今必要でない物をポイント欲しさに買ってポイントを貯めるのは本末転倒なので気分をあらため、今持っているポイントだけで運用することに決めたのは言うまでもありません。

　このように、ポイントが貯まる買い物をよくしている人にとってはポイント運用はうれしいサービスですが、今現在、ポイントを持っていない人や少ない人も実際おられると思います。

そのような人は今使っているポイントカードで**「ポイント運用」**ができるサービスはないか調べてみましょう。

　その他、楽天ユーザーの方なら第2章で紹介している楽天証券の口座を作って**「ポイント投資」**からスタートする方法もあります。

　それならポイントがたくさん貯まってから「ポイント運用」に使うのもよし、または「ポイント投資」にも使うことができるからです。

　ポイント投資ならポイントの一部と現金を組み合わせて株が購入できるので選択肢が増えて本格的な投資を始めることも可能です。

　メリット・デメリットを取り上げましたが、いずれにせよポイント運用初心者の私の感想としては、**ポイント運用はあくまでも投資のシミュレーション、ポイント保有者は運用するポイントの上限をきちんと決めておき、増やす楽しさを体験すればいい**のではないでしょうか。

第2章

ポイント「運用」から ポイント「投資」へ、 ステップアップ！

★★

4. 口座を作ろう

■スマホで簡単口座開設

楽天のポイント運用は口座なしで投資の疑似体験ができましたが、これからご紹介する**「ポイント投資」**は本格的な投資へとステップアップするために楽天証券の口座開設が必要となります。

この口座さえ作っておけば楽天ポイントで本格的な投資を経験し、将来はいろんな種類の投資にもチャレンジできるのでとても便利です。

手順は楽天証券のページで詳しく紹介されておりますが、もちろんスマホからでも簡単にお申し込みができます。一昔前までは証券会社の口座を作る方法は郵送でのやりとりだけでした。

電話やインターネットから証券会社に口座開設の資料を請求し、数日後、届いた資料に漏れがないように確認しながら記入、運転免許証のコピーや住民票の写しを同封して返送。

数日後、証券会社から届いた口座番号とパスワードを入力してようやく完了。あとは株を買うためのお金を証券会社の口座に振り込めば投資に参加できる流れで、資料請求してか

ら口座が開設されるまでに2週間以上もかかっていたのです。

　それが現在ではどの証券会社も、パソコンからはもちろんのことスマホからでもかなり簡単に申し込めるようになりました。**運転免許証やマイナンバーカードを撮影し必要項目に応じて入力、あとは送信するだけ。ほんの数十分の作業**です。数日後、ＩＤとパスワードが簡易書留（メールのみで受け取れる場合もある）で届けばあとは入金するだけ。申し込んでから数日後には株取引ができる環境が整います。

　また、**口座開設には費用がかからないし、管理費なども必要ない**ので、お金がなくてもポイントさえあればこれまでに貯まったポイントで投資ができるのです。
　そしてコツコツと投資資金を貯めてからポイントと組み合わせてさらに本格的な投資をすることも可能です。

5. ポイント運用との違い

■投資は2つ星、運用は1つ星

　楽天のポイント運用についてはもうおわかりいただけたかと思いますが、あらためて特徴をお伝えすると口座開設の必

要がなく、アクティブコースとバランスコースの２つのコースから選び１００ポイント単位で投資を疑似体験するサービスでした。

　では次に、あなたが次の投資へとステップアップするために楽天証券の口座をすでに開設されたと仮定して、今回も同じ楽天を例に**ポイント投資**について説明していきます。

　楽天のポイント投資は貯まったポイントを使って、**「投資信託や国内株式（現物）で投資ができるサービス」**です。

　ポイントのみでの購入、もしくは現金を組み合わせて購入することができ、ポイント運用は１００ポイント単位でしたが、ポイント投資は１ポイントから使えます。

　そこで「投資信託」とは？ですが、多くの投資家から集めたお金を一つの大きな資金としてまとめ、ファンドマネージャーといわれる運用の専門家が、株式や債券などに投資・運用する金融商品のことです。そしてその運用して得た成果を投資家に分配する仕組みです。運用がうまくいけば利益を得ることができますが、うまくいかなければ投資した額を下回るリスクがあります。

　大雑把に言うと専門家に購入する商品をまかせる「投資信託」と自分で購入する株を決める「株式投資」にするかの違いです。

　また、ポイント投資はポイント運用と違い**現金化できるのが大きな違い**で、もうここまでくるとたかがポイントとは言えない状況です。

　ちなみにですが、楽天のポイント投資の場合１ポイントから運用できるのが目玉ですが、投資信託は最低１００円（１００ポイント）からなので、例えば１ポイントしかない場合は、残り９９円は現金で購入することになります。

　本書では投資初心者から上級者までわかりやすいように、各章の難易度を星で表現、星１から星５へと一歩ずつレベルアップして階段を上がるように解説しております。

　第１章のポイント運用は１つ星、本章のポイント投資が２つ星といった感じです。

　ぜひ、ご活用ください。ポイント運用からポイント投資へ。(012)

012

013

014

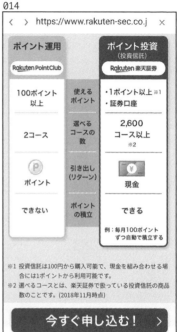

　ポイント投資を始めるには楽天証券の口座開設が必要です。

　これであなたも本格的な投機家に近づいてきたのでは？

　１００ポイントから本格的な投資ができるのです。(013)

　ここでも焦らずにポイントで投資をしましょう！

　ポイント投資では、１ポイントあれば現金と組み合わせて投資信託が買えます。(014)

6. メリットとデメリット

■ポイント投資にもリスクがある

「ポイント運用」と「ポイント投資」どちらも投資は投資、決して楽観せずに今後の投資を楽しみながら実践するためにはリスクがある点も理解しておきましょう。

あなたはポイント運用で投資の疑似体験ができるメリットとポイントを減らすデメリットを知り、ポイント運用を始めたとします。

数か月後にはすっかりポイント運用に慣れてくるでしょう。

しかし、**ポイント運用はゲーム感覚なので投資に対する危機意識が希薄になり慣れてくるとナメてしまいがちになるので要注意です。**

「ポイントぐらい減ってもいいや」という感覚のままポイント投資、さらに現金での少額投資に進んでいけば火傷するおそれがあるのではないかと危惧します。したがって、ポイント投資を始める時はまず、このゲーム感覚をリセットしてから少しだけ真剣に取り組んでほしいのです。

あらためてポイント投資のメリット。

・ポイント運用と同様、ポイントだけを使った投資なので自己資金を減らす心配はなく気軽に体験ができる。

これは日々、**現金で投資している人たちが抱えているストレスがまったくない**ので相場に振り回されることはありません。これが最大のメリットではないでしょうか。

また、投資をすることで政治や経済などこれまで気にもしていなかった出来事に関心を持ち、その結果、視野が広まり自分自身を成長させてくれます。

そしてデメリット。

・ポイントとはいえ、そのポイントで商品が買えるので現金と同じ扱いです。

１００や２００ポイントを失うくらいならまだしも、**３０００、５０００ポイントの損失はかなりダメージが大きい**のではないでしょうか。

さらにポイントで投資を続けることによって金銭感覚が麻痺する危険性があります。ポイントは買い物をしたときについてくるオマケみたいなものという感覚に陥って認識が甘くなり、そのままの感覚で現金を使った売買に慣れてしまうことが心配です。

実際、投資で１０００円損失しても何とも思いません。しかし、千円札を川に落としたら投資で毎月１０万円稼いでいる人でも凹むはずです。同じ金額なのに不思議ですね。

投資とはそういうものだと割り切っているからなのですが、私もリーマンショックの時は連日、数十万円が氷のように溶けてなくなる苦い経験をしました。

少し脅かしましたが、このポイント投資からは気を引き締めて取り組んでいきましょうという話です。

7. 楽天でポイント投資を実践

■投資信託？それとも国内株式？

ポイント投資を実践する前にあらためて用語の再確認をしておきますと、**投資信託とは、多くの投資家から集めたお金を一つの大きな資金としてまとめ、ファンドマネージャーといわれる運用の専門家が株式や債券などに投資・運用する金融商品**です。

そしてその運用して得た成果を投資家に分配する仕組みです。運用がうまくいけば利益を得ることができますが、うまくいかなければ投資した額を下回るリスクがあります。

一方、国内株式とは日本の株式市場に上場している企業の株で約3800社存在します。有名な企業もあれば聞いたことのない名前の企業もたくさんあります。そのなかから有望な銘柄を選んで株を購入しなければいけないので正直、難し

いです。そんな「投資信託」と「国内株式（現物）」をポイントを使って投資できるサービスが「ポイント投資」です。(015)

Tポイント、LINEポイント、dポイントなど、各社ポイントを利用して現金と同様に投資ができるという点では同じですが、投資の対象商品が異なっていたりとそれぞれ特徴はあります。

楽天では投資信託の買付代金の一部またはすべてにポ

015

イントが利用できます。そして**最低１００ポイントあればすぐにでも始められるのでポイントが少ししかない人にはうれしいサービス**です。

国内株式（現物）の購入代金と売買手数料にも利用でき、尚且つ、１ポイント（１円）から使えるのが手軽でいいところでもあるのですが、単元株での取引が条件なので楽天で上場企業の銘柄を買う場合は１００株単位での購入となり、まとまった現金が必要です。国内株式（現物）を買うときのア

ドバイスをさせていただくと、当てずっぽうで銘柄選びをしないことです。そうは言っても、これから始めようとしている人には何を基準に選べばいいのか、ちんぷんかんぷんですよね？

　その点につきましては、後章にて少しアドバイスをさせていただいておりますのでご参考にしてください。

　そして、投資信託、国内株式（現物）どちらにも共通するのが元本を割り込む、つまり元本が保証されていないことを忘れてはいけません。

　ポイントのみで投資をしていれば最悪ポイントがなくなるだけで済みますが、ポイントと現金を組み合わせて買った商品が値下がりすればポイントだけでなく、大切なお金まで失うことにもなりかねません。

　投資信託、国内株式いずれにせよ、はじめての投資で不安な人は、手堅く貯めたポイントだけの投資を徹底してポイントを増やす方法がいいのではないかと思います。さらに本格投資に興味が湧けば**私が得意としている「ＥＴＦ」を買って分散投資をすることをおすすめします。これだと個別銘柄よりもリスクが低い**ので安心です。（ＥＴＦについては後ほど詳しく説明）

　コツコツとポイントを貯めるのが得意な堅実派の人はＥＴＦ投資が向いているかもしれませんよ。

8.「投資信託」おまかせ投資

■はじめての人にはこれがいいかも

　では、投資信託の実践です。実際に楽天ポイントで投資信託を購入してみました。まず最初に**「スポット購入」**か「**積立注文**」のどちらかを選びます。

　「スポット購入」は自分の好きなタイミングで最低買付単位１００円から投資信託を購入できる注文方法で、「積立注文」はあらかじめ設定していた日付と引き落とし方法により、毎月決めた額を自動的に買って積み上げていく注文方法です。

　今回は**最低買付単位１００円から投資信託を購入できる「スポット購入」で注文**しました。

　まず楽天証券のウェブページの上部にある「投信」をクリック、投資信託トップの画面から「投信スーパーサーチ」で検索したり「ランキング」で探す方法からあなた好みの投資信託を見つけましょう。投資信託初心者の方には多すぎてなかなか決められないと思います。私もそうでしたが、もしそれでもなかなか決められない場合は、あなたの嗜好に合ったファンドが選べる**「ロボアドバイザー」**を利用するのも一つの方法です。「**AI**」におまかせできるので初心者に人気があり、

近年、このようなＡＩを駆使したサービスを証券会社各社で提供されております。

　楽天では投資信託を探すためのツール、「ロボのぶくん」をスマホ専用取引サイトからアプリのような感覚で使うことができます。

　では、ここからはスマホで簡単、購入の手順です。全部ポイントで購入してもよかったのですが現金と併用できるとのことなので、あえて１００円の投資信託を買うために「１ポ

016

017

イントと現金９９円」を組み合わせてみました。

　楽天証券のトップページでは色んな目的から探すことができるようになっており、ポイント投資の入り口から投資信託を選択します。(p37.016)

　トップページのファンドを探す（投資信託）の入り口から入ってみましょう。

　私もですが、どれを選べばいいのかわからない人は多いはずです。

018　　　　　　　　　　　　019

　そこで登場するのが投資ロボアドバイザーの「ロボのぶくん」です。(p37.017)

　２〜３ステップの簡単な質問に答えるだけ。ロボのぶくんが選んでくれたおすすめファンドがいくつか表示されるので、その中から一つ購入することに。(018)

　ポイント投資の特徴は１ポイントから利用できるところ。

　しかし、投資信託は１００円からなのでまずは１００円で注文。(019)

　１００円のうち、１ポイントだけ使うのでポイント利用は

020　　　　　　　　　　　　　　　021

１で入力。(p39.020)(p39.021)

　最後に注文をタップして終わりです。(022)

　スマホでＡＩにおまかせしただけなのですが…見事に
１００円で投資信託が買えました。約定したお知らせメール
が来ました。(023)

　もちろん、楽天証券のマイページ内でも確認できます。

　あとはほったらかし、のんびりと運用を見届けていきま
しょう。

022

023

9.「国内株式」選んで投資

■ポイントと現金で株を買うことも

　前章では、投資信託を購入しましたが、操作はスマホで実に簡単、ファンドもおまかせ。しかも、１００円で買えるという貴重な体験ができました。

　次は国内株式（現物）を同じように楽天のポイントを使って買ってみようと思います。

　まずは銘柄選び。株主優待やランキング、条件を指定して自分に合った銘柄を選ぶことができます。もちろん買う株が決まっていれば銘柄名または銘柄コードを（４桁）を入力すればＯＫです。

　銘柄選びについてですが、私は投資を始めてから今の投資スタイルに変更するまで国内株式だけの売買を専門にしていたので必要最低限の知識はすでにあり、そのため比較的すんなりと買うことはできました。

　国内株式（現物）でポイント投資を始めるには、**ポイントの利用設定→銘柄選び→国内株式（現物）注文→購入完了**といった手順となります。ここで確認しておきたい点としては**楽天ポイント投資ではポイント全部を使って株を買う方法とポイントの一部を使い残りを現金で買う方法の２通りある**こ

とです。

　ポイントがたくさんある人はポイント全部を使って株を買うことができますが、ポイントが数百、数千ポイントしかない人はそのポイントと不足分に現金をたして株を買わなければいけないので投資資金があまりない人には手が出ない銘柄も多いはずです。

　そのような人におすすめなのが私が専門で売買しているＥＴＦです。（ＥＴＦについては後ほど詳しく説明）

　上場企業の株を買う場合、単元株は１００株ですがＥＴＦ

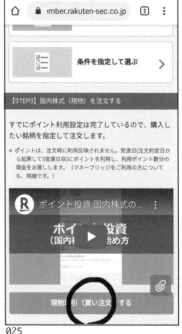

（上場投資信託）は１株単位、しかも、３０００円（３０００ポイント）あれば買える銘柄もいくつかあるので、初心者が投資を始めるにはうってつけの商品です。次は、そのＥＴＦを例にポイントを使って売買する手順を紹介します。

　まずはログイン。ＴＯＰページから下へスワイプさせていきます。(024)

　ポイントの利用設定をしたあとは、「ポイント投資（国内株式）の始め方」画面下の、「現物取引（買い注文）する」をタップ。(025)

026

027

現物取引の買い注文画面が表示されます。(p43.026)

続いて銘柄名・銘柄コード欄に１３５７を入力、日経平均ダブルインバース上場投信（詳細は第５章にて）を注文します。(p43.027)

検索ボタンをタップして銘柄選びはひとまず完了。

ダブルインバース（コード１３５７）の画面が表示されました。(028)

現在、７６５円。先ほどご説明したように、このＥＴＦは１株から買えるので、ポイントを使うのなら７６５ポイント、

028

029

現金なら７６５円で買えるのです。もちろん組み合わせても大丈夫。（注文時は買付代金＋手数料分の資金が必要で受渡日に注文に利用したポイント分が、現金に戻ります）

　まずはリアルタイムで成行注文、１株だけ買ってみることに。(029)

　４桁の取引暗証番号を入力して **「注文内容を確認する」** ボタンをタップ。(030)

　確認画面が表示、注文ボタンをタップすれば完了。(031)

　成行注文なので現在７６５円の株価で約定するか、それと

030　　　　　　031

も７６６円か？はたまた７６４円なのかは注文した時に決まります。（１円でも安く買えたらいいな）

　受付完了画面が表示。

　いくらで買えたのかを確認。(032)(033)(034)

　約定単価を見ると７６５円で買ったようです。（手数料は５５円）(035)

　只今の保有銘柄です。日経ダブルインバース（コード１３５７）の他に日経平均レバレッジ上場投信（コード１５７０）も２株成行注文で買いました。

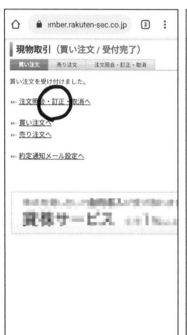

032

033

034.035

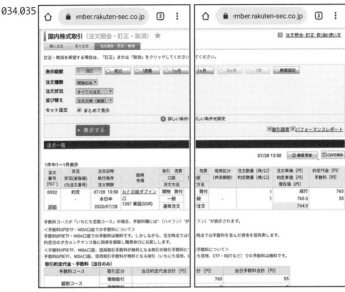

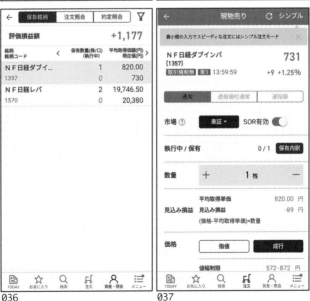

036

037

平均取得価額は日経ダブルインバース（コード１３５７）が８２０円、日経レバレッジ（コード１５７０）は１万９７４６.５円です。(p47.036)

　次に、保有している日経ダブルインバース（コード１３５７）を成行注文で売ります。(p47.037)(038)(039)(040)

　ここは手順の紹介を優先、あえて損切りしました。（涙）

　注文するボタンをタップすればリアルタイムなので即、約定です。(041)

　これで注文が完了。(p50.042)

038

039

日経レバレッジ（コード１５７０）も保有している２株を成行注文で売りました。

注文照会画面で確認できます。(p50.043)

楽天証券以外でミニ株（単元未満株）で取り引きができるサービスはＴポイントのネオモバ、ＬＩＮＥポイントのＬＩＮＥ証券、ｄポイントの日興フロッギー等あります。

今あなたが持っているポイントと資金を合わせて使える証券会社を選びましょう。

040　　　041

49

042

✕

👍

注文完了

閉じる

043

← 保有銘柄 | 注文照会 | 約定照会 ▽

🔔 約定アラート：オフ

銘柄 銘柄コード	< 注文状況 取得単価	取引 執行条件	数量(株/口) 単価(円) >
NF日経レバ 1570 東証(SOR)	約定 -	売付 本日中	2 成行
NF日経ダブイ... 1357 東証(SOR)	約定 -	売付 本日中	1 成行

TODAY お気に入り 検索 注文 資産・照会 メニュー

第3章

スマホ片手に少額投資

★★★

10. スマホで株を買う時代

■株を買うにはルールがある

　ここからは少額ですが、スマホで簡単に株式投資を始める方法についてご紹介していきます。

　難易度は星３つへと進みますが緊張する必要はありません。私を含め、すべての投資家がはじめて株を買う時に通ってきた道なのですから。

　まず最初に、株を買うためのルールから説明させていただきます。

　一つ目は**証券会社の口座が必要**だということ。これはポイント投資を始める場合にも必要だったのでＯＫとします。

　二つ目は**投資をする資金がいる**ことです。ポイント投資ではポイントだけで株が買えましたが、従来の株取引はお金がなければ株を買うことはできません。

　そして三つ目。前章でも少しお話しした**「単元株」**というルールです。売買する単位が定められており、（ミニ株、単元未満株等もありますが）今回は単元株についてもう少し詳しく説明していきます。

　上場している企業の株を買う場合、１００株単位でしか買うことができません。

　例えば、ゲーム機器をはじめ世界中で人気のあるＳＯＮＹ（コード６７５８）

　２０２０年７月３１日の終値が８０７６円（１株）、最低でも１００株買わなければいけないので８０万７６００円（手数料は除く）必要です。たくさんお金を持っている人なら２００株、３００株と１００株単位の注文で買うことができます。次にユニクロを中心に小売店舗を展開しているファーストリテイリング（コード９９８３）

　こちらもＳＯＮＹと同様、１００株単位です。

　２０２０年７月３１日の終値が（聞いて驚かないでくださいよ）な、なんと５万６０５０円（１株）。５６０万５０００円を持っていなければファーストリテイリングの株が買えないのです。もはや私たち一般庶民が買える銘柄ではありません。

　その他、東京ディズニーランド・シーを運営しているオリエンタルランド（コード４６６１）は１２６万７０００円、ソフトバンクグループ（コード９９８４）は６５万９５００円（いずれも２０２０年７月３１日終値を１００株購入した場合）と高額な取引が行われています。

　ただし、すべての銘柄がこのような手の出ない株価ばかりではありません。

　１０万円以内で買える銘柄はたくさんあります。例えば、ラウンドワン（コード４６８０）は６万２７００円、住友化

学（コード４００５）は３万３００円で買うことができます。自由に使えるお金がある人は早速、証券会社の口座に入金して株式投資の準備をしましょう。そのような銘柄がスマホで簡単に売買できる時代がやってきたのですから。

11. 銘柄選びのアドバイス

■東証一部はエリート銘柄？

　株は上場している企業の銘柄しか買うことができません。上場さえしていればどの企業の株でも買えるのですが、逆にどれを買うか迷ったときは東証一部に上場している企業の株を選ぶのも一つの方法です。

　それはなぜか？

　日本の株式市場には種類があり、日本のみならず世界中で活躍している企業のほとんどが世界３位の証券取引所である、東京証券取引所の一部に上場しているからです。

　先ほど紹介したＳＯＮＹをはじめ、ファーストリテイリング、トヨタ自動車、ソフトバンクなど誰もが知っている一流企業が東証一部に上場しています。

　しかし、東証一部に上場していないその他の企業が一流ではないかと言えばそれは違います。日本マクドナルドホールディングス（コード２７０２）やワークマン（コード

７５６４）はジャスダックに上場していますが東証一部の企業に引けを取らない優秀な企業です。

　反対に隠蔽や有価証券報告書の虚偽記載で過去に株主を裏切った残念な企業も東証一部には存在するので銘柄選びは注意が必要です。

　有名企業だからという理由で選ぶのではなく、好きな商品や食品を扱っている企業を応援するという意味で株を買う人もいます。

　何をしているのかよくわからない企業の株を買っても興味は湧きません。トヨタ自動車なら画期的な自動運転システムを開発してくれそうだし、任天堂も新しいゲーム機器の発表が期待できます。しかし、高額すぎて買えないのです。

　あなたが無理をせずに使えるお金で将来有望な５００円以下の銘柄を探して買うのも面白いかもしれません。

12. 株主優待銘柄を探そう

■さらに配当がもらえる銘柄もある

　株主優待とは企業が株主に贈る優待制度で、現在優待を実施している企業は１０００社以上もあり、**自社製品や金券などを権利確定日に株を保有している株主がもらえる**ので、個

人投資家を中心にここ最近特に人気がでてきています。

　そんな株主優待銘柄を探すことから投資を始める人も少なくありません。今ではネットで人気株主優待銘柄などのランキングもすぐに見ることができるので、企業側としても魅力的な優待商品やサービスを提供する努力をされています。

　また、配当目的で銘柄を選別する人もたくさんいます。

　日本の場合、配当を年１回ないし２回実施している企業はたくさん存在します。配当とは企業が得た利益の一部を株主などに分配する制度で配当利回りが高い銘柄は人気があります。なかには年８％の高い利回りの企業も存在し、こちらも株主優待と同様に簡単にネットで調べることはできますが、配当利回りが高い企業でも業績が悪化すれば減配や無配になることもあるので注意しましょう。

　今では銀行に預けていても預金利息は限りなくゼロに近い状態、バブル期のように年５％の利息を１年後にもらえる楽しみはこれからの時代には期待できません。

　そして、このように株主優待や配当をもらうためには権利を獲得することが条件です。では、権利を獲得するにはどうすればいいのでしょうか？

　それは「権利付き最終日」に株を持ってさえいればいいのです。権利付き最終日とは株主優待や配当の権利が確定され

る日のことで、株主として名簿に記載されてはじめて権利を得ることができるのです。例えば株主優待で人気のあるオリックス（コード８５９１）は毎年３月末日と９月末日に権利確定月が設けられています。権利は１００株以上の株式保有者で株主優待もオリックスグループの取引先が取り扱う商品のカタログギフト（３月末）とオリックスグループが提供するサービス等が割引価格で利用できる株主カード（３月末・９月末）が発行されます。

　一般的には３月と９月に権利確定月が集中しておりますが、企業によって異なるので優待や配当目的で株を買うときはよく調べてから購入しましょう。

　余談ですが、各社、優待内容は様々で近年ならではと思ったのが通信株です。権利確定後、株主向けに送付されるＩＤとパスワードを専用サイトにエントリーすれば「ポイント」が進呈されるポイント優待もあります。

　その他、電鉄株も中高年世代には根強い人気があり、株主優待でもらえる乗車券は利用せずに金券ショップで換金している人も少なくありません。

　私の知り合いは毎回、同じ金券ショップで換金するらしいのですが、これまでは安定した金額で交換してくれていた優待乗車券が、この新型コロナの影響で半額以下の値段まで落ちていたそうです。（普通に乗車券として使えるので、今回は売るのをやめたと聞きました）

13. 株の注文方法を知っておこう

■指値注文と成行注文

　買う銘柄が決まれば次はどれくらいの株価で買うのかを決めなければいけません。

　注文方法は**「指値注文」**と**「成行注文」**の2通りが基本となります。

　そこであなたが証券会社の口座に10万円あると仮定して指値注文をしましょう。

　例えば、銘柄Aの株価が今日100円で終えたとします。あなたはこの銘柄Aの株価は100円では高すぎると思い、注文する価格の欄に95（円）と入力します。そして数量、何株買うのかを決めなければいけないのですが、今あなたの口座には10万円資金があるので100〜1000株買うことができます。（手数料は除く）

　ここはコツコツ投資ということで100株だけ購入、数量欄には100（株）と入力、あとは執行条件（注文の有効期限）を指定して完了。**これが買いたい株価を指定する「指値注文」**です。

　明日以降、あなたが決めた期限までに銘柄Aの株価が95

円以下になれば約定（買える）、９５円以下にならなければ取引は不成立（買えない）です。

もう一つの方法、**「成行注文」**ですが、ざっくりと言えば「株価はいくらでも買いますよ、売りますよ」という注文方法です。

先ほどの１００円の株価で終えた銘柄Ａを例えにすると、あなたは以前から銘柄Ａの株が欲しかったとします。しかし、その時は銘柄Ａの株価は１５０円と高値で取引されていました。そして月日が経ち、今日の夜、久しぶりに株価をチェックすると１００円まで下がっていました。

取引時間外でしたが、あなたは前から欲しかったので急いで注文、とりあえず１００株だけでもと数量欄には１００（株）と入力、株価はいくらでもいいからと**金額指定なしで注文、これが「成行注文」です。また、取引時間内であればリアルタイムで約定**しますが、時間外なので翌営業日の株式市場が９時に開始すれば即約定となります。今日よりも５円安い９５円で買えることもあれば、５円も高い１０５円の時もあるのです。

そしてこの指値、成行注文には買いと売りがあり、指値注文はあなたが売買したい株価で取引が成立しないこともよくあります。

一方、成行注文は売買取引が行われれば約定するので、株式市場が開く前に注文してほったらかしにしておくと高値で

買ったり、安値で売ってしまうリスクがあるので注意が必要です。

　また、逆指値というトリッキーな注文方法もあるのですが、これについては第6章で詳しく説明しております。

14. 少額投資で株を買う

■気になる会社の株をスマホで買ってみた

　次は少額投資に適した国内株式をスマホアプリを使って購入することに。銘柄選びのおさらいですが、株式投資の売買単位は100株です。

　例えばトヨタ自動車（コード7203）の株価は2020年の高値が8026円（2020年7月31日時点）でした。

　そして現在、まだ解決していない新型コロナウィルスが世界中で猛威を振るい始めた頃の安値は5771円、売買単位は100株なので、高値は約80万円、安値は約57万円です。つまり、最低でも60万円くらい持っていなければトヨタ自動車の株は買えないので、この銘柄は少額投資には適していないようです。（トホホ）

　とはいえ、上場している企業すべてがこのような高額で取引されているわけではありません。トヨタ自動車と同様、世界中で人気のある日産自動車（コード7201）も東証一部

に上場しております。こちらはカルロスゴーン氏の不正疑惑から信用を失い、２０２０年４月の株価は１年前の３分の１まで下落しました。（７月３１日時点での株価は３６１円）

　そんな日産自動車の株だと４万円以内で買うことができたので試しに１０万円を元手に１００株だけ、リアルタイムで株価を見ながら成行注文、**楽天証券のスマホ株アプリ、ｉＳＰＥＥＤ（アイスピード）**を使って購入してみました。

　いつもはパソコンでの取引をメインとしている私ですが、この ｉＳＰＥＥＤ はスマホで操作がしやすいように開発されているので画面は見やすく注文方法もシンプル、操作は簡単です。

　その後も５万円以下で買える銘柄を調べ、セブン銀行（コード８４１０）も１００株だけ２９１円の指値注文をして約定、２万９１００円で購入できました。この時点での保有株は日産自動車とセブン銀行の各１００株です。そして翌々日、買った株価よりも９円上昇したところで、セブン銀行株を成行で売り注文、成行注文なので株価に関係なくすぐに約定、結果７００円ほどですが利益が出ました。

　その他ご参考までに、１００株、５万円以下で買える東証一部の銘柄は、料理レシピサイトで有名なクックパッド（コード２１９３）、りそなホールディングス（コード８３０８）、シチズン時計（コード７７６２）などたくさんあるので、その中で気になる銘柄があれば買ってみてもいいか

もしれません。

これが**楽天証券のスマホアプリ、ｉＳＰＥＥＤ**です。

楽天証券のログイン ID とパスワードを入力すれば、すぐにでも株の売買が始められます。(044)

ＰＣ派の私がスマホで日本自動車業界 No.2、東証一部に上場している日産自動車株を現物で買ってみました。(045)

株の取引きでは、現物取引と信用取引があるのですが現物取引（現物）は持っている資金の範囲内でしか株を購入できず、持っていない株を売ることもできません。（信用取引に

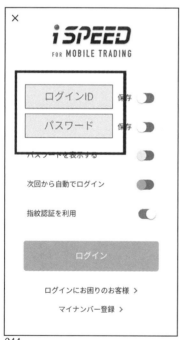

044

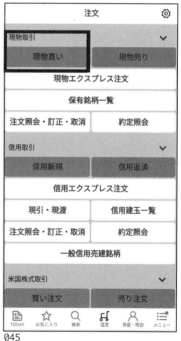

045

ついては第6章にて説明）

　まずは、１００株成行注文で買いました。(046)

　後日、今度は１００株５万円以下で買える東証一部の銘柄を探していたところ、ご存知、コンビニ業界最大手セブンイレブンを中心にＡＴＭを設置しているセブン銀行（コード８４１０）を発見！

　３万円以下で買える銘柄もたくさんありますが、私が知っている銘柄はごくわずかだったのでここはコンビニつながりで買ってみることに。(047)

046

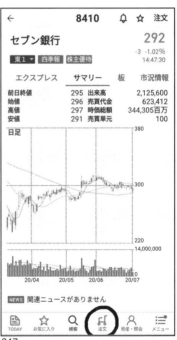

047

現在の株価は２９２円。

成行注文だと１円高い２９３円で買ってしまうこともよく
あります。

ここはあせらず２９１円の指値で買い注文。(048)

保有銘柄と保有数量は日産自動車が１００株保有で平均取
得価額４１９.３５円、セブン銀行も１００株保有で平均取
得価額２９１.５５円です。(049)

現在値は日産が４００.９円、１８.４５円安（－１８４５
円)、セブン銀行は３０１円なので９.４５円高（＋９４５円)、

048

049

とてもわかりやすい画面です。

　ここは欲張らず、利益が出た時はすぐに売却、セブン銀行株を売ることにしました。(050)

　現在、株価は３００円、手持ちの株数１００株を成行注文で売りました。

　執行条件を選択して、あとは取引暗証番号を入力すれば完了。

　３００円で約定できるか？それとも２９９円か？ (051)

　確認画面にて間違っていないかをチェックしたあと注文す

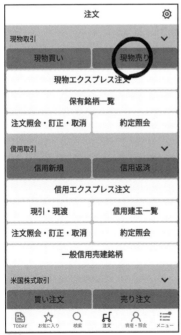

050

051

るボタンをタップして完了。(052) (053)

　３００円で約定できた場合、３００円×１００株＝３０，０００円、そこから手数料の５５円が引かれた概算受け取り代金までわかるのでとても見やすいです。（手数料につきましては証券会社によって異なります）

　めちゃくちゃ簡単でしょ？その後、日産自動車の株は持ち続けるも下落、平均取得価額４１９．３５円に対し３６１円（７月３１日時点）、５８３５円の含み損ですが、この先上昇することを期待しています。

052

053

15. 少額投資で人気のスマホ証券

■１株から株が買える

　私たちバブル期を経験した中年はアナログ世代、当時はワープロが主流でパソコンを見たことすらない人はたくさんいました。それでも当時は「新人類」と言われていました。

　そして現在、スマホを器用に使いこなし間接的にコミュニケーションをとる若者に私たちアナログ世代は違和感を覚えることもありますが、これも時代、スマホの進化に必死でついていかなければ置いてけぼりにされるのも事実です。

　ただ、有難いことにスマホ世代をはじめ一生懸命スマホと格闘する私たちアナログ世代でも**簡単に口座が開設できて、少ないお金で投資が楽しめる証券会社が近年増えています。**これらスマホ向け証券サービスを総称して**「スマホ証券」**と呼ばれています。サービスの主な特徴は、スマホでの投資を前提としており画面もシンプル、使い勝手がいいのと何といっても１株単位の少額、またはポイントで株が購入できるなどの利点があることです。

　各社サービスは様々で、どれも投資未経験者や資金がネックとなっている人たちには敷居が低く、利用者の拡大に向け

たキャンペーンや広告もよく目にします。

　スマホ証券は、これまでとは違いパソコンではなく、スマホに特化したサービスを展開しているので利便性が高く、いつでもどこでも投資が始められ、さくさくと売買の注文ができる**次世代の投資スタイル**と言えるでしょう。

　なかでも今もっとも注目されているスマホ証券の一つが**ＳＢＩネオモバイル証券のネオモバ** (https://www.sbineomobile.co.jp/) です。日本初のＴポイントを使って株が買えるのが特徴です。

　ＴポイントはＣＣＣ（カルチュア・コンビニエンス・クラブ）が展開しているポイントサービスでＤＶＤやＣＤのレンタル事業が主流であるＴＳＵＴＡＹＡ会員は有名です。

　そのＴポイントカードに貯まったポイントで株が買えるサービスがこのネオモバです。ポイントはＴＳＵＴＡＹＡをはじめ蔦屋書店、さらに主な提携先としてコンビニのファミリーマート、ドラッグストアのウエルシア、家電量販店ならエディオン、飲食関連ならガスト、バーミヤン、吉野家、牛角などで貯めることができます。

　そこで私も体験してみようとネオモバで株を買って感じたことですが、**Ｔポイントだけ、現金だけでの購入はもちろんのこと、Ｔポイントと現金の組み合わせで株が購入できるう**

え、1株からでも株が買えるのがいいところだと思いました。

　先ほどご紹介したＳＯＮＹなら1株8076円、別世界の
ファーストリテイリングなら1株5万6050円で買える
のです。（いずれも2020年7月31日終値）その他、手数
料の安さも無視できません。1か月の売買代金の合計額が

５０万円以下の場合、何度売買しても手数料は２２０円（税込）。さらに毎月Ｔポイントが２００ポイントもらえるので実質は２０円の負担で済みます。

　そんなネオモバイル証券の口座を作って１株投資を始めてみるのも面白いと思いご紹介しましたが、口座の開設方法についてはとてもシンプル、本書での説明は割愛させていただきます。

　口座開設の手続き中ですが状況がわかるようになっています。(p69.054)

　完了後の画面。こちらも使いやすいアプリです。(055)

　さてと、投資はこれから。

　ご参考までにネオモバ以外の主要なスマホ証券には、「ＬＩＮＥ証券」、「ＣＯＮＮＥＣＴ」、「Ｏｎｅ　Ｔａｐ　ＢＵＹ」、「日興フロッギー」、「ＳＴＲＥＡＭ」、「Ｗｅａｌｔｈ　Ｎａｖｉ」等があります。

　各社それぞれ手数料が無料または格安、そしてポイント投資ができるなどの特徴が異なりますが、これからは顧客獲得競争が激しくなり、さらに使いやすくお得なサービスも充実してくるのではないかと想像しております。今後スマホ証券からは目が離せません。

　近い将来、本格的な投資家を目指すあなたは自分に合ったスマホ証券の口座を作られることをおすすめします。

055

16. 少額投資におすすめのＥＴＦ

　私がなぜスマホ証券を紹介しているのかと言えば、スマホ証券は上場企業の銘柄をはじめたくさんの金融商品を扱っているからです。

　利点としては**「少額で複数の銘柄に分散投資ができる」**ところです。

　さらに、手軽さと便利さがプラスされて本格的な投資もできる証券会社なのです。

　パソコンがなくてもスマホ一つでさくさくと株が買える便利なスマホ証券が今、若い世代に注目され、これまでのネット証券会社でもパソコンだけでなくスマホから株の売買がスムーズにできるアプリを積極的に取り入れたことによって投資をする環境が急速に整ってきました。

　あとは何に投資をするのか？これが一番悩むところです。

　そんななか、実はスマホ証券と相性がいいと言われているのがＥＴＦです。

　では、このＥＴＦとはいったいどのような商品なのでしょ

うか？

　ＥＴＦは Exchange Traded Funds の頭文字をとった略語で「上場投資信託」と呼ばれている金融商品です。

　上場投資信託とは金融商品取引所で取引される投資信託のことで、日経平均株価やＴＯＰＩＸ、ＮＹダウなどの指数に連動するように運用されており、証券会社の口座さえあれば一般的な株と同じようにリアルタイムで売買が可能です。

　話は少しそれますが、今回の出版にあたっては、ぱる出版さんからのご依頼もあり、２０代から３０代のスマホ世代でポイント投資に興味を持たれた方たちのお役に立てる本を作りたいという思いからスタートしました。

　そのおかげで私もスマホ投資についてもっと勉強しようといろいろと調べていくうちに、**わたくし前畑うしろが得意としている日経平均連動型のＥＴＦ**がスマホ証券でオススメだと知り、一層、執筆に力が入りました。

　そこで、本書の後半ではＥＴＦについて詳しく説明しております。さらに、私の売買テクニックも紹介しているのでこれまでのポイント運用、ポイント投資を経験されたみなさんにはコツコツと稼ぐＥＴＦ投資にも魅力を感じていただければ幸いです。

ポイント投資・少額投資 Q & A

Q1: ポイント投資実践にあたり、少額投資先をどうやって探すのがいいですか？

各スマホ証券会社のアプリ内には、銘柄選びのサポートコンテンツがあります。

例えばネオモバだと 500 円以下や、また LINE 証券だと人気優待はじめ 20 以上の項目が表示され、その中から探して注文できます。

もちろんその中でも、ETF を 1 つ持っておくと自ずとリスクの分散が可能ですのでおすすめ、是非チャレンジしてください。

Q2: 株を買うルールの株単位「単元未満株」って？

通常 100 株単位で取引するところ、1 株単位で取引ができるので少額投資の初心者向けサービスです。また配当だけでなく、保有する株数によっては株主優待が受けられるケースもあります。

ただし、取引手数料は各スマホ証券会社によって異なり、通常の株式取引と比較してかなり高い場合もあるので手数料貧乏にならない様に要注意です。

Q3: 投資に関する情報サイトでおすすめは？

本書でも後半にでてきますが、

「yahoo ファイナンス！」は「ヤフー株式会社」が運営する株情報サイトです。(http://finance.yahoo.co.jp/)

ニュースも表示されるので、初心者から上級者までこれ一つでも十分ではないでしょうか。

もちろん、アプリ対応もしているので情報もスマホさくさくです。

第4章

投資で成功するための
ヒント

★★★★

17. それでもまだ銀行に 預けますか？

■子供のお駄賃のほうがいい

あなたは今、どれくらいの貯蓄がありますか？

「１０万円？」「５０万円？」「１００万円？」

まさかとは思いますが普通預金に入れたままや定期預金に預けてはいないでしょうね。

あなたのお金なのだから私がとやかく言うつもりはありませんが、あなたは投資に興味を持ち少しでもいいから増やしたい、そんな思いから本書を手に取られたのだと想像します。

それなら、**大儲けはできませんが貯蓄の一部を投資で運用**されてみてはいかがでしょうか。

銀行の普通預金や定期預金に預けていても元本は保証されますが増えないのは確かです。

私がお世話になっているコンビニの早朝は、近所に住んでいる小学生の男の子や女の子がおつかいで食パンや生卵を買いに来ます。実に微笑ましい光景です。想像するに、朝は何かと忙しいお母さんから頼まれてきたのでしょう。家にもどったあとはおつりの１０円か２０円のお駄賃をもらっているかもしれません。

ですが、大手都市銀行の定期預金に５０万円預けても（正

確には貸しても）１年、０．００２％で利息１０円です。

　友人に５０万円貸したらお礼に１万円くらいくれることも
あるでしょう。友人に貸したお金は返ってくる保証はないか
もしれませんが、５０万円もの大金を１年間銀行に預けて
たった１０円しか利息がつかないなんて、子供のお駄賃のほ
うが余程いいですね。

　これから投資を始めようとしているあなたの普通預金口座
にずっと預けたままのお金があるなら、早速、少しだけでも
ＥＴＦ投資で運用しませんか？

１８. 投資資金は身近なところに

■日頃の無駄を見直そう

　株を現金で買いたくても１万円（株価１００円×単位
１００株）で買える銘柄は数多くありません。あったとして
もその会社が優良かどうかを見極めるのは難しいです。

　**個別銘柄の株を買うためには最低でも５万円くらいの資金
がなければ株式投資はできない**と考えていいでしょう。

　今あなたに投資ができるほどの貯蓄がなければ、毎月少し
ずつ節約することで年５万円くらいは簡単に捻出できます。
５万円あればもう投資家の仲間入りです。

　５万円用意するためには日頃の生活で無駄がないかを見直

しましょう。

　まずはタバコ。毎日１箱吸っている場合、１箱５００円として計算すれば年間約１８万円の節約、もうこれで十分な投資資金は準備できます。
　私は３０歳の誕生日に前日まで吸っていたタバコをやめてからこれまでに１本も吸っていないので、やめずに１日１箱吸っていたと仮定すれば（１箱３５０円で計算）２５０万円以上節約できたことになります。
　２０代３０代の人はまだ健康に気を配ることはないでしょうが、タバコを吸っていなくても４０歳を過ぎた頃から体に不調が出てくるのです。
　あなたが喫煙者ならこれを機にやめることをおすすめします。やめてよかったと絶対思いますから。

　次に、私は毎日料理をするのでスーパーをよく利用します。
　そこで重要なのが食費です。
　毎日のことなので材料費はできるだけ安く抑えようと努力をしています。例えば、アボカドと小松菜は１００円以下（税抜き）でないと買わないとか、鶏肉料理はムネ肉を多く使うなど、毎日１００円、２００円節約することでお金を貯めることはできます。
　そんな値段に敏感な生活をしていると、実際コンビニで働

いていてこんなことを言うのもなんですが、**コンビニの商品は値段が高い**のです。

そのような価格設定にしないと経営が成り立たないのもわからなくはありませんが、スーパーで売っている同じ商品の値段が１.２倍から１.５倍近い商品も少なくありません。

毎朝、１２０円の缶コーヒーや１３０円のペットボトルの緑茶を買われる人はたくさんいます。ところが同じ缶コーヒーやペットボトルの緑茶がスーパーでは８０円くらいで買えるのです。

また、カップ麺なら１００円近く高い値段で販売しています。

だから**私はめったにコンビニは利用せずにコンビニだけでしか売っていない商品をたまに買う程度**です。

こうして、日頃の買い物で節約した分はラムチョップを買ったり、ワンランク上のウィスキーをネットで注文しています。（私の場合ですが）

そして私が最も無駄だと感じているのがＡＴＭの時間外手数料です。自分のお金を引き出すのになぜ１００円（税抜き）取られなければいけないのでしょうか。ＡＴＭ本体の後ろに職員の人が待機していて、引き出すお金と明細書を手渡しでくれるのなら人件費がかかるので仕方がありませんが、ＡＴＭが時間外に稼働している店舗のほとんどは無人です。

たった１００円（税抜き）と思われた人はこれまでに時間外手数料と他行やコンビニのＡＴＭ利用で数千円の無駄なお金を払っていたかもしれませんね。

　あと、２０代、３０代の若者に限らず、たくさんの人が通勤電車の中でスマホゲームをしている光景をよく見ます。
　私のような中年世代はゲーム＆ウォッチに始まり、スーパーファミコン、プレイステーション（プレステ）、そしてニンテンドーＤＳと、その時代に流行ったゲームを楽しんできました。
　スマホゲーム自体を否定はしませんが私は無駄だと思っているので一切しておりません。特に課金システムがどうしてももったいないと感じてしまうのです。
　Ｇｏｏｇｌｅフリーワード検索で課金と入力すれば「課金地獄」とか「課金後悔」のネガティブな関連キーワードが表示されます。
　あなたが今、何となくや暇つぶしにスマホゲームをしているのであれば、これからポイント運用やポイント投資、さらには本格的な投資を始めるために、せめて通勤電車内では株価のチェックやチャートを見たほうが有意義だと思います。
　その他、毎月のスマホ代や保険代、最近では有料化したレジ袋代など、身の回りには何気ない無駄がたくさんあるので外出を控えがちな今の間に見直されてはいかがでしょうか。

１９．暴落は突然やってくる

■明日、大地震がくるかも

「備えあれば患いなし」。ご存じのとおり、私たちの国日本は地震大国です。ここ最近は連日のようにどこかで小さくない地震が起きています。

べつに脅すつもりじゃありませんが、**明日突然、大地震がくるかもしれない**のです。

神戸淡路大震災、東日本大震災、熊本地震などの大きな地震は数年、十数年に１回は必ず起きています。

そして株価も大きく下げました。

１９９５年１月１７日の神戸淡路大震災は午前５時４６分に襲ってきました。

株式市場の前営業日は１月１３日で日経平均の株価は１万９３３１円、１７日の当日は一時、２００円以上も下げましたが終値はマイナス９０円程度でした。

当時は携帯電話が普及しておらず連絡手段は自宅の固定電話だけ。最新の情報は首都東京には届いていない状況でした。

しかし、時間が経過するごとに被害は拡大し復旧にかなりの時間がかかったのです。

その頃の私は信用組合を辞めてから就職活動をしており、

再就職先がまだ決まっていない時にこの災害に遭遇し、震災後は知り合いの紹介で建設関連会社にアルバイトとして神戸の復旧工事に参加していました。

そんな状況で日経平均は下落し続け７月３日には安値１万４２９５円と震災前から約５０００円のマイナス、約２６％も下落しました。

また、記憶に新しい東日本大震災、熊本地震は震災前から安値まで約２０％と約１２％の下落率です。（コロナショックの下落率は約３２％、７月３１日時点）

私は神戸淡路大震災を震源地から離れた大阪市内で体験したのですが、家があんなに揺れる恐ろしい地震にはもう二度と遭遇したくはありません。しかし、いつ日本のどこかで起きても不思議ではないのです。

だからこの先、大きな地震が起きても慌てないために防災対策と投資の準備をしておかなければいけないのです。

２０．政治家は必ず嘘をつく

■リーマンショックで学んだこと

２００８年９月、アメリカの投資銀行リーマンブラザーズの経営破たんをきっかけに世界規模の金融危機が発生したリーマンショック。当時、株式投資を始めて間がなかった私

も**保有していた企業の株価が暴落して大切な資産を減らし投**資の怖さを経験しました。

　なかには数千万、数億円の資産をこの金融危機で失った人もいたでしょう。

　ことの発端は**サブプライムローンという低所得者たちに住宅を販売して、無計画なローンを組ませるという悪質なローン商品**が返済不能者が続出したことによって崩壊、ローン会社の破綻をきっかけにアメリカの株価が暴落、世界中の株式市場にも影響して「サブプライムショック」と言われている世界同時株安が起こったのです。

　そんなサブプライムローンを日本人のほとんどが知りませんでした。そのうち少しずつニュースでも取り上げられるようになり、何となくきな臭い雰囲気が漂いだした頃、当時の財務大臣がインタビューでこの金融危機のことを**「蚊に刺されたようなもの」**とコメントしていたのを今でもはっきりと覚えています。

　株式投資を始めたばかりの私は持ち株を全部、翌営業日に手放すと決めていたのですが、財務大臣が言うのだから大したことはないだろうと呑気に２８０円のノリ弁当を食べながら持ち続ける決断をしました。

　数日後、リーマンブラザーズの破綻、そこから世界同時株安が始まったのです。

　当然、私が持っている株はすべて大暴落、蚊に刺されるど

ころか大量のスズメバチに刺され瀕死の状態でした。あの
ニュースを見ていた時、頭の上にスズメバチの巣があること
に気がつかなかったのです。

　それからというもの、私は**政治家の発言は信用せずに自分
の判断で株を売買**しています。

　そして現在、ＥＴＦ投資でようやく利益をコンスタントに
上げられるようになりました。

　本書を手に取り、これから株を始める人や株で利益を上げ
ることがまだできていない人は政治家を筆頭に影響力のある
人が投資家を安心させるような発言を耳にした時は**逆に少し
疑い、警戒したほうがいい**かもしれません。

　それと企業、東証一部に上場している大企業でも平気で嘘
をつきます。

　ここで私がいちいち説明しなくても大企業の不祥事は枚挙
に暇がないくらいニュースで取り上げられています。

　**投資で迷ったときはたくさんの情報の中からどれが正しい
のかを自分で見極めて決断することが大切です。**

２１．完璧な投資本と
　　ダイエット本はない
■自分に合った本を探そう

　投資の本を出していて無責任だと叱られるかもしれません

が、**完璧な投資本はないと思っています。**

　だから次々と新しい本が書店に並ぶのです。

　「この本を読めばあなたも億万長者になれますよ」のような魅力のあるタイトルはたくさん見かけます。億万長者になれるかどうかはわかりませんが、**一冊の本として完成しているのですから勉強にはなります。**

　著者が成功した例を説明し、買い時、売り時の解説を丁寧にされており、それだけでも十分に**本を買った価値はある**と思っています。

　また、売れる本には理由があります。広告宣伝費をかけ、有名な投資家ということも理由の一つとしてあるかもしれませんが、それでも**売れる本は内容が良い**からです。反対に売れない本は当然、内容が良くないのです。

　手前味噌で恐縮ですが、前作、「ポケットマネーではじめる月１５００円のＥＴＦ投資」では、コンビニ店員の私が書いた本が増刷できるなんて正直、これっぽっちも想像しておらず、増刷の報告をいただいたときは信じられませんでした。（編集・制作のみなさん、書店さん、ネット通販さん、そしてご購読いただいた方には本当に感謝しております）

　私はこれまでにずっとデータをとってきたので、少額ですがある程度利益を上げる自信はあります。しかし、私の投資本が完璧だとも思っておらず、過去には自分自身納得ができなかった売買や失敗が多数あったのもまた事実です。

本書が読者さんのお役に立てることが私の一番の喜びで、一人でも多くの方にとってふさわしい一冊になれることを願いながら全力で執筆させていただきました。

　そんな私の場合、本を買ったあとは必ず**この本で一点だけでも自分のものにしよう**と決めてから読みます。実際、どんなに評価が低い本でも最低一点はためになることが書かれているからです。それだけでも本を買った値打ちがあると私は思っているのです。

　ただし、買って読んだだけではダメ、**生かさなければいけません**。

　参考になるページを何度も何度も読み返して自分の武器にしなければ意味がないのです。

　また、完璧なダイエット本もないと思っています。

　書店やネットでは新しいダイエット本に人気が集中します。余談ですが、ダイエットに関して言えば、私は朝と夜だけの１日２食生活を１５年以上続けており、体重もずっと同じです。

　しかし、これを私がすべての人に当てはまるようなことを言ってしまうと「あなたはコンビニ店員で肉体労働じゃないからお腹が減らないのよ」とか「もともと少食だからできるんだよ」と反論されるのです。

　十人十色、人それぞれ合う合わないがあるので、興味のある人が試しにやってから自分に合うかどうかを見極めなけれ

ばいけません。

　投資本についても同様で、数ある本の中から自分にとってふさわしい投資本かどうかを判断しなければいけません。

　もちろん私の本もそう、読んだ人の受け止め方によって全然違ってくるのです。

　私がいつも言っているようにコツコツと買い集めて利益が出た時や売りのサインが出たら一気に売る手法が合っている人もいれば、そんな投資は面白くないと感じている人もいます。

　前作を発売してから3か月も経たないうちに「全然儲からないじゃありませんか」と言ってきた方がいらっしゃいました。確かに日経平均の動きがない時に利益を上げるのはこのＥＴＦ投資では難しいので、実際、目標としている金額を稼ぐことができない月もあります。

　しかし、私の投資方法はコツコツと買い集め、1〜3か月くらいで売って利益をあげることを基本としているので毎月数万円稼ぐ投資ではないのです。申し訳ありませんがその方には私のＥＴＦ投資は不向きだったのです。

　一方、私の本を購読し、数千円儲けることができたとご丁寧にお礼のメッセージまでくれた読者さんもおり、この方はこれからも欲張らなければコツコツと利益を上げられるでしょう。

　本書の前半、ポイント運用とポイント投資でコツコツとポ

イントを増やすことができた方は、私がおすすめしている日経平均連動型のＥＴＦ投資、つまり本書が向いているかもしれません。

２２. 日経平均が３００円下落したら要注意
■さらに暴落があるかも

日経平均の暴落には必ず理由があります。

いまだに世界中で猛威を振るっている新型コロナウィルスの感染が中国の武漢市で拡大していた頃、**日本政府は１月２４日からの春節（旧正月）で訪れる中国人を受け入れてしまいました。**そこから急激に日本国内での感染が広がったとも言われています。

春節が始まった翌営業日（１月２７日）の株式市場は暴落、日経平均は１月２４日の終値（２万３８２７円）から５００円近く下げました。

そして春節期間中大幅に下げていた日経平均は２月に入ってしばらくすると上昇、なぜか春節前の株価まで戻したのです。

ここで不安を感じた人は大暴落を予想していたでしょう。

実は私も派遣で働いていたコンビニに来店される外国人観光客が２月に入ると一気に減ったため、「これはただごとで

はないな」と暴落の準備をしていました。

そして不安は的中、リーマンショックを彷彿させる大暴落が始まったのです。

このように**一端暴落してから上昇して投資家を安心させるような相場もよくあるので注意しましょう。**

２０２０年、本書の発売後間もない１１月の初旬、遅くても年内には暴落する可能性はあると思っています。（私の勝手な予想ですが）

もし、新型コロナウィルスの感染が収束したとしても、数年後にはまた別の危機が世界中を襲ってくるでしょう。

その時に今回の教訓を生かし、日経平均が３００円以上値を下げた時はさらなる暴落を意識して行動すればいいのではないでしょうか。

２３．株で勝てないことに気づいた

■一攫千金を狙う自分にサヨナラ

誰もが**お金持ちになりたい、投資で富を築きたい**と願うのは当然です。だから１億円とか１０億円を投資で稼いでいる人の書籍は人気があります。

正直、私も羨ましいと思っていますが私にはできませんでした。「知識」がないのに「欲」ばかりに目がくらんだから

でしょう。

　何億円、何十億円と投資で稼いでいる人は自分のスタイルを確立し、これまでにかなり努力されてきたはずです。

　そのような人たちと同じように日中、サラリーマンやOLをしながら大儲けができるほど投資の世界は甘くありません。世界中のトレーダーが目の色を変えて必死に売買しているのですから。

　ここ数年の間に投資を始める人が一気に増えました。

　その一方で、投資で稼ぐのは難しいと気づいた人が少なくないことも事実です。

　私も一攫千金を狙って株式投資を始め、数々の失敗をしてきました。

　その結果、自分には向いていないと諦めていた時にＥＴＦを知り、本格的にＥＴＦ投資を始めるようになったのです。

　これまで投資で儲けられなかった人やこれから投資を始める人には私と同じ過ちをしてほしくないので、今回本書ではポイント運用、ポイント投資でコツコツと増やす楽しさや大切さを実感していただいてから、日経平均連動型のＥＴＦへとレベルアップできるように解説しております。

　月１万円でも儲けられたらいいやという人には本書がぴったりです。

　大儲けはできませんが私はこの投資が気に入っています。

　理由は一つ、**「疲れない投資」**だからです。

悩んでいる人はまず１株だけ買ってください。ＥＴＦ１５７０は１株２万円くらいですがＥＴＦ１３５７は今なら（２０２０年、７月３１日時点）１株１０００円もかかりません。

２４. トランプ大統領は　　　世界一のビジネスマン
■たった一言で株価は乱高下

　２０１９年以降、世界経済はトランプ大統領に振り回されているといっても過言ではありません。中国との貿易戦争に始まり、日本経済も多大な影響を受けました。

　そして現在に至っても相変わらず自国第一主義、新型コロナウィルスの感染者が減るどころか増える一方なのに経済至上主義を貫いています。理由は一つ、**１１月にアメリカ大統領選挙が控えている**からです。

　ＮＹダウがここまで高値を維持できているのはトランプ大統領のおかげなのは事実、経済が好調ならばトランプ政権は大企業をはじめ国民からも支持されます。そして再選。

　しかし、ここで経済をストップさせれば株価は暴落、トランプ大統領の再選の夢は絶たれるでしょう。

　そんな**トランプ大統領ですが彼は元々トップクラスのビジネスマン**だということを忘れてはいけません。第４５代アメ

リカ合衆国の大統領ではなくアメリカで一番のビジネスマン、そして駆け引きが超一流と認識すればおのずと戦略が予想できます。

彼のたった一言で世界中の巨額マネーが動き、ＮＹダウをはじめ世界中の株価が乱高下します。

もちろん日経平均の株価も乱高下します。

私はニュースを見るときは基本疑っているのでトランプ大統領の発言はとくに信用していません。しかし、中国に対しての強気な姿勢が見えた時はそのうち株価が動く（暴落する）のではないかと気をつけています。

たまたまかもしれませんが上手くいったときもありました。

しかし、これはあくまでも私個人の憶測でしかありません。

ただ言えるのは、トランプ大統領がいま何を考えているのかを考える練習をすると先を読む投資力はついてきます。

25. その道のプロでも外す予想

■簡単に勝てる世界ではない

　１００円渡したら番号を書いたメモをくれる。そんな競艇場の予想屋さんでも百発百中で当たりません。そこで数人の予想屋さんに情報料を払い、番号を絡めて買った舟券で高配

当を獲ったことがあります。

　また、２０年以上前ですが、スポーツ新聞の競馬欄で競馬一筋何十年のベテランが予想した馬番以外を書いた紙きれをズボンのポケットに入れ、そこから２枚引いて番号をマークシートに記入、３０００円で買った馬券が万馬券になったことも。

　しかし、どちらも運が良かっただけ、その後何回か試みましたがそれっきり的中はしなかったのでやめました。

　経済においても専門家はたくさんいます。

　今後の世界経済をはじめ日経平均の株価や為替を予想されます。

　そして嫌味じゃありませんが見事に外されるのです。

　日本経済新聞には元日に大企業のトップが予想した年内の株価や為替が掲載されます。２０１９年、主要２０社の社長がこの年の日経平均高値と安値、さらにそれが何月頃かを予想されました。

　この２０人の半分にあたる１０人が２０１９年の４月から６月に日経平均が最高値と予想、この期間の最高値は２万２３６２円、２０１８年の終値２万１４円よりは上昇していますが予想は大外れ。

　結果、２０１９年の日経平均最高値は１２月１７日の２万４０９１円でした。

　その月を当てた企業はたった１社。

なかでも１０月から１２月にかけて日経平均が勢いよく上昇した月に２万円割れを予想していた企業もあったくらいです。

　このように専門家と言われている人や日本の経済を牽引している一流企業の社長でも先を予想するのは難しいのです。

　つまり、投資は専門だからと言って絶対に儲かる世界ではないということ。

　そんな世界でもコンビニ店員の私がやってこれたのがＥＴＦ投資です。

　騰落レシオをチェックしながら日経平均が高値だと判断すればＥＴＦ１３５７を買い、安値だと思えばＥＴＦ１５７０を買って待てばいいだけ。

　そんなＥＴＦ投資は私でもできるくらい簡単なので、あなたにできないはずがないのです。

２６．セルインメイ

■頭の片隅に入れておこう

　令和元年、史上初のゴールデンウイーク１０連休に戸惑った人もたくさんいたことでしょう。

　コンビニ店員の私は普段どおりのシフト生活でしたが日本の株式市場も１０連休、毎朝４時に起きて投資の準備をする

必要はなかったので、少し遅い5時起床でゆっくりとさせていただきました。

とはいえ、世界の市場はいつもと同じ。日経平均は年初来高値を更新、日本の市場が祝賀ムードで休んでいる間に**世界で株式市場を脅かす何かが起っても不思議ではないと思っていたので、連休前からそれとなくSNSで発信**していました。

もちろん暴落を警戒する意味で。

私の経験上、**暴落は忘れたころにやってくるので4月に入ってからもずっと暴落を警戒**していました。このまま日経平均が上昇するにせよ、どこかで一度くらいは調整が入るとは思っていました。

そして10連休の最終日、アメリカのトランプ大統領が中国からの輸入品2000億ドル相当に対する追加関税を10日午前0時1分（日本時間10日午後1時1分）に、現在の10％から25％へ引き上げると表明しました。

この米中貿易制裁宣言を皮切りにNYダウは暴落、日経平均も連休明けは暴落からスタートしました。

日本の株式市場が休みだからといって海外の市場も一緒に休んではくれません。NY市場、香港市場、ヨーロッパ市場はいつもどおりに開かれ、私たち日本人だけが休日を過ごしていたのです。正直、この10日間に世界が平穏なんて考えられませんでした。**今後、大型連休は注意が必要**かもしれません。

056

2021年のセルインメイはどうなる？

	2017年	2018年	2019年	2020年
4月終値	19,196円	22,467円	22,258円	20,193円
5月から9月第3月曜日までの安値	5月1日	7月5日	8月6日	※5月7日
上記期間の安値	19,144円	21,462円	20,110円	※19,448円
下落率	-0.27%	-4.47%	-9.65%	※-3.69%

※2020年7月末時点

　また、アメリカ市場のことわざでセルインメイという言葉があります。

　直訳すると5月に売れですが、正確には5月に売り9月の第二週の土曜日まで買うのを待ちなさいという意味です。

　2017年4月の日経平均終値は1万9196円、9月の第二週土曜日を日本の株式市場に当てはめた場合、翌週の月曜日（祝日の場合は火曜日）の日経平均は1万9545円と約350円のプラスで、その間の安値は5月1日の1万9144円でした。

　翌年以降もこのことわざを日経平均の株価で示した結果が上の表です。(056)

　さて、来年2021年のセルインメイはどうなるのでしょうか？

２７．早起きは得だった

■あなたも明日から実行

　私の特技といえば早起きですが、これがなかなかできない人が多いようです。毎日遅くまで残業をしている人には厳しいのは当然です。しかし、無駄に夜遅くまで起きるのが得意な人もいます。

　これはすぐには実行できないでしょうが、早起きをする生活習慣に変えることでお金が貯まると考えれば、やってみる価値はありそうですね。

　ニューヨークの株式市場は私たちが寝る頃に始まり、起きた時には終わっています。つまり、真逆の生活をしています。

　寝る頃にＮＹダウが暴落していても、朝起きた時には株価がプラスになっていることもあります。その反対も然り。

　寝る前にＮＹダウの株価をスマホやパソコンでチェック、激しいスタートなら警戒していつもより少し早めに起きたほうがいいでしょう。

　そしてＮＹダウの影響をうけて日経平均先物（夜間取引）の株価も激しく動いていれば、その日の日経平均の寄り付きを計算式（第５章うしろ式計算方法で簡単注文）にあてはめてＥＴＦ１３５７もしくはＥＴＦ１５７０の買値や売値を予

測して注文すれば安心、早起きで昼食後は眠気が襲ってきますが得をする結果につながるはずです。

　年に数回、このような生活をしなければいけませんが、慣れれば早起きが当たり前の生活になってきます。
　連日仕事帰りに同僚と飲みに行き、上司や会社の悪口を言うのも楽しいですが、将来、あなたがお金に困らない生活を目指しているなら給料が安いと愚痴るのはやめて、仕事が終わればさっさと帰宅、食事と入浴を済ませて早く寝ることをおすすめします。

第5章

スマホ投資で
ETFを買おう

★★★★

２８．投資の本はむずかしい

　給料は上がらず、将来の不安を抱えながら投資の勉強でもしようと書店で数冊買ったものの、最後まで読みきれずに挫折した経験のある人もいるでしょう。

　もちろん学生時代から勉強嫌いだった私もそのうちの一人ですが、投資の勉強は**学生時代の頃とは違い、やればやるほど自分の財産になる**ので最低限の知識さえあれば、あとは自分に合った本を選んで勉強すればいいだけです。

　しかし、投資の本を書かれている人たちは経済の専門家や何十年も前から投資を勉強され、資産を築いてきたスペシャリストばかりなので読んでいて難しいと感じることも少なくありません。

　その点、本書は初心者にでもわかりやすいように説明しているのはもとより、だれにでもできる簡単な投資なので基礎知識だけで十分、難しい専門用語は覚えなくても大丈夫です。

　ＰＥＲ、ＰＢＲ、覚える必要一切なし。

　ただ日経平均のことだけを考えて日経平均の上下で利益を生む投資です。

　私はＥＴＦ投資を始めてから数年しか経っていないのでス

ペシャリストではありませんがコツコツと少額の利益を上げています。つまり、これからＥＴＦ投資を始める人でも１年後、私のように利益を上げることは可能だと言えます。

　個別銘柄の株式投資歴は１５年ほどですが、損をしているので素人です。しかし、数年前にＥＴＦを知りコツコツと利益を上げられるようになってきたので、ＥＴＦ投資に関してはアマチュアからセミプロに近づいてきているように実感しています。

　もちろん大儲けはできない投資なので、有名な投資家さんのように数億円の資産はありませんが長期計画で増やしていく予定です。

　あなたが以前の私のように株で勝てなかったり、これから投資を始めようとしているなら、まず日経平均連動型のＥＴＦを買ってください。

　いくら本を読んで知識を詰め込んでも、実践で勝負しなければ実力はつきません。そして実力をつけてから投資額を増やしたり個別銘柄を買っても遅くはないので。

２９. 時間と心に ゆとりがもてる投資

■ゆっくり安心投資

　個別銘柄を買っていた頃は毎日株価を気にしながらパソコンでチェックしていましたが、**日経平均連動型のＥＴＦを売買するようになってからはある程度、先が予測できる**ので株価だけすぐに見られる環境を整えて自宅での仕事や家事をこなしています。

　もちろん、朝４時に起きた時にＮＹダウや日経平均先物の夜間取引が暴落もしくは暴騰していれば、その日の売買注文をしてからコンビニへアルバイトに行き、帰宅後、市場が荒れていたら落ち着くまでパソコンに張り付くこともありますが、そんな日は年に数回しかないので規則正しい生活ができています。

　炊事、洗濯、買い物、掃除、読書、散歩、たまに派遣コンビニ店員などこれまでの投資中心生活と違うゆとりのある生活ができるようになったので**ＥＴＦ投資は私にとってストレスのない投資**です。以前の私は毎日時間に追われイライラしながら投資をしていました。今思い返すとつまらない日常でした。

　前作をご購読された方から「このＥＴＦ投資を知って気が楽になりました」というメッセージをいただいたときは、これまでの私のように気ぜわしい投資をたくさんの人がされているのだろうと思いました。

　あなたが毎日、本業で時間に追われているのならＥＴＦでのんびり投資を体験してください。前述の読者さんではありませんが本当に気楽な投資ができるのです。

　ただし、本書でのルールはきちんと守ってください。

　初心者の方はポイント運用からスタートして慣れてくればポイント投資や少額投資をすること。

　投資経験者の人でも欲張らずにコツコツ投資を徹底することです。

３０. 投資信託と上場投資信託

■人まかせとおさらば

　投資信託については「楽天ポイント投資」の章で説明しましたが、私の投資信託に対する考えを大まかに言わせていただくと投資信託は他人まかせ、上場投資信託（ＥＴＦ）は自分次第と捉えています。

　これから何十年と投資で資産を増やしていこうと決めたあ

なたは他人まかせの投資をしてはいけません。

　そもそも信託とは信頼・信用できる人に自分の財産を託すという風に私は考えております。だから自分の知らない人に大切な財産を預けるのは不安です。

　信用組合で働いていた頃のお客様は職員の私を信用していたので大切なお金を預けてくれました。しかし、バブルがはじけ、あそこの信用組合がつぶれるという噂が広まり、取り付け騒ぎの一歩手前まで発展した途端、すごい剣幕で店に来られて預貯金を解約されたのです。もっとも銀行がつぶれることは今のところ考えにくいのですが、これからの時代、何が起こるかは誰にもわかりません。

　ですから**人まかせの投資信託に大切な資産を預ける勇気がないので私は誰のせいにもしたくはない「自己責任」のＥＴＦ投資**で利益を上げる方法を選択したのです。

　自分で考え売買を繰り返すことで実力は必ずついてきます。

　また投資信託は長期投資が一般的ですが、私がおすすめしているＥＴＦは１〜３か月の間に売ることを前提にした投資なので１年以上持ち続ける銘柄ではありません。

　あなたがポイント投資で投資信託に興味を持ち、それがいいと感じたなら、あえてＥＴＦ投資を始める必要はありませんが、両方経験してからあなたの判断で一つに絞っても遅く

はないと思います。もちろん、二つの投資をそのまま継続される選択肢もあります。

３１．銘柄はこれを買おう

■市場全体を見るために

　今人気のＥＴＦ（上場投資信託）と出会ってから私の投資人生は再スタートしました。

　これまで個別銘柄を中心に株の売買を繰り返し、**資産の大半を失った私は投資の世界から退場する一歩手前**まできていました。

　「私には投資は向いていなかった」と反省しながらも４０歳半ばの私がこれからの人生でまた一から一生懸命、寝る間も惜しんで働く体力と気力はありませんでした。

　それならこれまでの経験をふまえて投資でリベンジしようと一念発起、私にピッタリな投資はないかと書店や図書館に足を運び情報を収集しました。

　「ＦＸは怖いな」とか「ビットコインはやめておこう」といろいろ考えながら図書館の本棚の片隅にちょこんと差し込まれていたのがＥＴＦの本だったのです。そしてＥＴＦのことを詳しく調べていくうちに「これならやっていけるかも」と保有している個別銘柄を全部売却、大した金額ではありま

せんがＥＴＦ投資に集中しました。

　そんな私が専門で売買しているＥＴＦは２種類のみ。

　一つは日経平均の株価に連動したＥＴＦ、**ＮＥＸＴ　ＦＵ**
ＮＤＳ日経平均ダブルインバース・インデックス連動型上場
投信（コード１３５７）で日経平均が上がれば下がり、下が
れば上がるへんてこな銘柄です。（以下、ＥＴＦ１３５７）

　もう一つも日経平均の株価に連動したＥＴＦ、**ＮＥＸＴ**
ＦＵＮＤＳ日経平均レバレッジ・インデックス連動型上場投
信（コード１５７０）で日経平均が上下すれば同じように上
下する銘柄です。（以下、ＥＴＦ１５７０）

　そこで**なぜ私が数多くあるＥＴＦの中からたった２銘柄を**
選んだかというと、とてもシンプル、売買代金が東証一部の
超有名企業にも劣らないほど高く取引がされていることでし
た。売買代金が高いということは売買が活発に行われている
証拠、売りたい時はすぐに売ることができるので安心です。

　また、それぞれのＥＴＦが日経平均の上下で利益を上げら
れるので「これだ！」と決めて私のＥＴＦ投資生活は始まり
ました。

　ＥＴＦには日経平均連動型のほか、ＴＯＰＩＸ連動型や金
価格連動型、原油価格連動型もありますが、日経平均は一番
慣れ親しんだ株価なのでこの２銘柄を選びました。

　今回はじめてＥＴＦにチャレンジする人は日経平均とは反対の動きをする**ＮＥＸＴ　ＦＵＮＤＳ日経平均インバース・インデックス連動型上場投信（コード１５７１）**や日経平均と同じ動きをする**日経２２５連動型上場投資信託（コード１３２１）**など、リスクが低いＥＴＦでもいいと思います。

　私は常日頃から、世の中は良いことよりも悪いことのほうが多いと感じているので、日本経済、そして世界経済に大打撃を及ぼすような恐怖が襲ってきても慌てない投資を心がけています。

　ＥＴＦ１３５７は日経平均が下落すれば反対に上昇する銘柄、そのため、今回のコロナショックでは損することなく利益を上げることができました。

　現在、日経平均は３月１９日の年初来安値から約５０００円上昇しています。（２０２０年７月３１日時点）

　これは**私個人の勝手な予想ですが、年内にはもう一度、大暴落がある予想しています。理由は一つ。何も解決していな**いからです。

　私たちのために一生懸命、ウィルスや感染症の研究をされている専門家の方々には頭が下がる思いですがそれぞれの見解はバラバラ、経済の専門家の株価予想もいつもようにバラバラです。結局、自分で考えながら身を守り、投資をしなければいけません。

３２．騰落レシオは正直者

■ＥＴＦ投資にはコレ！

　私はこの指標を中心にコツコツと利益を上げています。

　本当にありがたい指標です。ＥＴＦ１３５７とＥＴＦ１５７０の**買い時、売り時をある程度教えてくれる**のですから。

　個別銘柄の株を買ってもここまで丁寧にサインを出してはくれません。

　ＰＥＲやＰＢＲを参考にしても不祥事が発覚すれば一発で暴落です。

　その点、騰落レシオは値上がり銘柄数を値下がり銘柄数で割って算出した指標なので、上場企業１社がとんでもない不正を犯してもこの指標が影響を受ける心配はありません。

　ですからこの騰落レシオは**これからＥＴＦ投資を始めようとしている人には１番気にしていただきたい**のです。日経平均が２万円を切ることは今のところ考えにくいです。しかし、２０１８年の１２月２６日には１万８９４８円、そして２０２０年の今年３月１９日には１万６３５８円まで下落しました。どちらも１か月前の株価から大暴落、専門家のほと

んどが想像していなかったはずです。

　今後、日経平均が２万円を切ることを予想していなくても２万５００円付近をウロウロしているときに騰落レシオが１２０％以上ならもっと下がる可能性は十分にあります。

　とはいえ、そこでＥＴＦ１３５７を買って日経平均が下がるのを待つのも危険です。なぜなら日経平均が２万円を割ることなど今のところ考えにくいからです。でも何が起こるかわからないのが相場です。

　一方、騰落レシオが売られすぎ状態の８０％以下ならＥＴＦ１５７０をコツコツと買い、日経平均の上昇を待てばいいのです。

　しかし売られすぎ状態の８０％だからといって急いでＥＴＦ１５７０を買うのは早急です。

　２０１８年、騰落レシオが最も低かったのが６５％、２０１９年は６８％、２０２０年は今のところ（７月３１日時点）３月１６日の４０％です。２０２０年は１月２８日に売られすぎ状態の７８％を記録したのです。

　が慌ててＥＴＦ１５７０を買った場合、コロナショックの暴落でかなり損をしていたことになります。

　ちなみに２０１８年〜２０２０年の年代別で騰落レシオが最も高かったのは２０１８年は１３６％、２０１９年は１４１％、２０２０年は１５０％といずれも１２０％を大きく上回っております。

このように指標どおりに株価が推移するとは限りませんので、この騰落レシオをチェックしながらチャートを見たり、他の指標と照らし合わせて売買しましょう。

３３．便利な情報サイト

■スマホで簡単チェック

数か月前までの私の日課は平日、朝４時に起きて洗面所に向かい、鏡に映った自分に「また本が出せたぞ！」と言ってから白湯を飲み、パソコンの電源を入れていました。

そして、この行為を約１年続けた効果があって、今回、１冊目と同じように２冊目の本を出す夢が叶ったと思っています。瞑想や自己暗示をバカにする人はいますが、アスリートや成功者でもとり入れている人はたくさんいます。

だから私は今も、次の夢が実現できるように日課の一つとして毎日実行しております。

そんな私の夢はさておき、日頃からＥＴＦ投資に欠かせない情報収集で利用しているサイトについてこれからお話しさせていただきます。

いつものように白湯を飲み、パソコンの電源を入れた後は日経平均の先物（夜間）やＮＹダウの株価をチェックします。

そして、市場が荒れていれば朝９時にスタートする日本の株式市場、つまり日経平均の株価を予測してＥＴＦの売買注文をします。

そんなＥＴＦの売買注文ができるのもこのようなサイトがあるからです。

「世界の株価と日経平均先物」 https://nikkei225jp.com

パソコンはもちろんのこと、スマホで**「騰落レシオ」や「日経先物」と検索**すればヒットします。リアルタイムで世界の株価や為替、原油価格を見ることができるサイトでとても便利です。

騰落レシオで検索してこのサイトの画面を表示すれば最上部の「日経先物」をタップ、**日経平均の株価をはじめ、為替、上海総合指数、ＮＹダウの株価等一覧の画面がでます。**

また、日経先物で検索すれば日経先物リアルタイムチャートが表示されるのでタップすれば同様に一覧を見ることができます。

その他、空売り比率や恐怖指数も簡単にわかるので投資初心者の方やこのサイトを知らなかった人におすすめです。

さらに、ヤフーファイナンスでは、データづくりに欠かせない過去の日経平均やＥＴＦ１３５７、ＥＴＦ１５７０の株価を調べることができます。これからＥＴＦ投資を始める人にはとても便利なのでこちらも併せて活用しましょう。

３４. 恐怖指数も参考に

恐怖指数をご存じでしょうか？

アメリカの株式市場に関係している指数ですが、ＶＩＸ指数といって今後３０日間にアメリカ株式市場がどれくらい値動きが大きくなりそうか反映するように設計されています。

３０以上になると市場は暴落を警戒、実際、新型コロナウィルスによる感染者の拡大で世界中が不安に襲われた２０２０年３月１６日にはＶＩＸ指数は８２を記録、その後、３月２３日にＮＹダウは１万８５９１ドルまで下がりました。

日本の株式市場でも日経平均株価を対象にボラティリティー・インデックス（日経ＶＩ）という同じ仕組みの指標があります。これもＶＩＸ指数と同様、３０以上で警戒が必要です。

ＮＹダウの恐怖指数が８２を記録した３月１６日には日経平均の恐怖指数は６０、その３日後３月１９日には１万６５５２円と年初には日本中のだれもが予想していなかった株価まで暴落しました。

この経験を忘れないために恐怖指数も常に注目しておかな

ければいけません。

　恐怖指数が２５を超えたあたりからその後の暴落を警戒して、ＥＴＦ１５７０を保有している人は売る準備を、手持ちのＥＴＦがない人はＥＴＦ１３５７を買う準備をすればいいのです。

　日経平均は２０２０年６月以降、２万１５００円〜２万３０００円（２０２０年７月末時点）の間を推移しておりますが、私の予想では本書が書店に並び始めてしばらくした頃、アメリカ大統領選挙の結果次第では年内に日経平均は再び２万円を割り込むと予想しているのでＥＴＦ１３５７を買いながら虎視眈々と暴落を待つ予定です。

３５. うしろ式計算方法で簡単注文

■日経平均の前日比で計算する

　毎日忙しいあなたでも朝の１０分で簡単に注文できるのが私が考案した計算式です。
　日経平均のことだけを考えながらＥＴＦ１３５７とＥＴＦ１５７０の売買で利益を上げる方法なので、出勤前の自宅や通勤電車の中で計算式に当てはめてササッと注文すればいいのです。

この表を参考に、ＥＴＦ１３５７とＥＴＦ１５７０の株価を予測し

	A	B	C	D
	日付	騰落レシオ	日経平均	前日比
1				
2	2020.2.28	53	21,142	-806
3	2020.3.2	60	21,344	202
4	2020.3.3	58	21,082	-262
5	2020.3.4	61	21,100	18
6	2020.3.5	63	21,329	229
7	2020.3.6	58	20,749	-580
8	2020.3.9	56	19,698	-1,051
9	2020.3.10	57	19,867	169
10	2020.3.11	57	19,416	-451
11	2020.3.12	49	18,559	-857
12	2020.3.13	43	17,431	-1,128
13	2020.3.16	40	17,002	-429
14	2020.3.17	44	17,011	9
15	2020.3.18	45	16,726	-285
16	2020.3.19	46	16,552	-174
17	2020.3.23	49	16,887	335
18	2020.3.24	54	18,092	1,205
19	2020.3.25	62	19,546	1,454

　あなたが今、日経平均は高いと判断すればＥＴＦ１３５７
を買い、日経平均は今の株価では安すぎると思えばＥＴＦ
１５７０を買えばいいだけです。

　ではさっそく、表 (057) をご覧ください。この表は今年の
コロナショック真っ只中での日経平均とＥＴＦ１３５７、Ｅ
ＴＦ１５７０の株価に翌日の売買注文が簡単にできる「うし
ろ式計算方法」を使ったものです。

　まずはＧ列のＦ／Ｄ。これは、ＥＴＦ１３５７の前日比÷

ましょう

E	F	G	H	I	J
ETF1357	前日比	F/D	ETF1570	前日比	I/D
1,081	80	-0.10	17,630	-1,540	1.91
1,052	-29	-0.14	18,090	460	2.28
1,079	27	-0.10	17,640	-450	1.72
1,079	0	0.00	17,670	30	1.67
1,055	-24	-0.10	18,060	390	1.70
1,114	59	-0.10	17,020	-1,040	1.79
1,231	117	-0.11	15,210	-1,810	1.72
1,199	-32	-0.19	15,510	300	1.78
1,255	56	-0.12	14,820	-690	1.53
1,367	112	-0.13	13,490	-1,330	1.55
1,531	164	-0.15	11,880	-1,610	1.43
1,622	91	-0.21	11,040	-840	1.96
1,601	-21	-2.33	11,140	100	11.11
1,653	52	-0.18	10,830	-310	1.09
1,674	21	-0.12	10,610	-220	1.26
1,625	-49	-0.15	11,000	390	1.16
1,387	-238	-0.20	12,650	1,650	1.37
1,157	-230	-0.16	14,730	2,080	1.43

日経平均の前日比から出た数値です。２０２０年２月28日で例えるとF列2行の80÷D列2行の‐806＝G列2行の‐0.10が答えとなります。（以下、小数第3位四捨五入）

ではここで質問です。

　２０２０年3月9日の日経平均は前日比１０５１円安（‐１０５１）でした。ＥＴＦ1357は１１７円高（＋１１７）だったのでG列のF÷Dで計算すると‐0.11になります。

　もし、当日3月9日の午前8時、株式市場はまだ開いて

いない時間にあなたは**通勤電車の中で日経平均は前日から３００円上昇すると予想してＥＴＦ１３５７を買う場合**、指値注文の株価はいくらにすればいいでしょうか？

　Ｇ列のＦ÷Ｄは－０.１１で計算してください。答えはこのあとすぐ。

　答え１０８１円

　日経平均の前日比予想、プラス３００円×マイナス０.１１でマイナス３３。ＥＴＦ１３５７の前営業日３月６日の株価が１１１４円なので、そこへマイナス３３円を当てはめると１１１４－３３＝１０８１です。

　従って、ＥＴＦ１３５７を１０７５円くらいのやや控えめな株価で指値注文しておけばいいのです。（結果、約定はできませんでしたが）

　では、続けて第２問。

　今度はＥＴＦ１５７０の買い注文をこの計算式でやってみましょう。

　２０２０年３月１６日、あなたは前営業日の３月１３日に日経平均が１１２８円も下落していたので、これは日経平均は下げすぎだと判断、当日の午前８時、またまた通勤電車の中で日経平均が３００円下げた場合のＥＴＦ１５７０の買い

注文をしました。

　Ｊ列のＩ／Ｄは１.８で計算してください。答えはこのあとすぐ。

　答え１万１３４０円

　日経平均の前日比予想、マイナス３００円×プラス１.８でマイナス５４０。ＥＴＦ１５７０の３月１３日終値が１万１８８０円なので、そこへマイナス５４０円を当てはめると１１８８０−５４０＝１１３４０です。

　あなたはＥＴＦ１５７０を少しでも安く買いたいので１万１３００円で指値注文、その日の終値が１万１０４０円だから今回は見事に１万１３００円で約定できました。

　もちろん、このＥＴＦ１３５７のマイナス０.１１やＥＴＦ１５７０のプラス１.８が毎回適合するわけではありませんが、私は日経平均が３００円以上の値動きがありそうな時にはこの表のＧ列やＪ列の数値を参考に売買注文をしております。

　ただ、今回のコロナショックでは連日のように５００円から１０００円以上の激しい値動きがあったのでＥＴＦ１３５７とＥＴＦ１５７０の売買注文は慎重に行いました。

３６．長期投資はお金持ちの投資

■短中期投資でコツコツ稼ぐ

　長期投資はお金持ちがする投資だと思っています。

　配当や株主優待目的で十分にやっていける資産があるから余裕を持ってできるのです。

　有名人の株主優待生活は見ていて楽しいですが、何百という企業の株を配当や優待目的で保有しているので、**私のようなたくさん資産を持っていない投資家は配当で数千円、優待で必要のないグッズや割引券をもらっても嬉しくありません**。

　しかも、個別銘柄の株価が２０年後２０倍になる保証もなし。

　しかし、日経平均連動型のＥＴＦを元手１００万円からコツコツと複利で増やせば２０年後に２０倍の２千万円になる可能性は十分にあるのです。

　資産は回さなければ増えません。もし、あなたが元手１００万円を２０年後に２倍の２００万円に増やしたところで老後に必要とされている２千万円には程遠い金額の貯蓄しか残せません。

つまり２０年間もったいない投資をしてきたのです。

今現在、１千万円持っている人が２０年の長期投資で２倍の２千万円に増やせば老後に必要とされている資金は確保できるので、たくさんお金を持っている人は長期投資でのんびりと少しずつ増やす計画を立てればいいのです。

しかし、２０代、３０代で１千万円の貯蓄がある人はなかなかいません。

４０代、５０代、６０歳以上の中高年世代でも少ないでしょう。

だからこそ今から２０年計画でコツコツと増やさなければいけないのです。

一見地味で儲からないＥＴＦ投資ですが、ポイントを使った投資でわずかでもポイントが増える楽しみを味わった方にはこのＥＴＦ投資は丁度いい投資だと思います。

決して、目先の大儲けに惑わされてはいけません。

コツコツと利益を上げる長期運用を徹底すればあなたの将来は明るいでしょう。

３７. 老後２千万円を
実現するために
■長期運用で計画する

　元手１００万円を１年で２倍、３倍に増やそうとするから無茶な売買を繰り返したり、大儲けに目がくらんでよく理解もせずにＦＸや仮想通貨（暗号資産）に手を出して失敗します。

　元手１００万円が８０万円に減れば短期間で２０万円取り戻すことだけを考えて冷静な判断ができなくなるのです。

　そうなってしまえばあとは８０万円が５０万円、そして３０万円になって投資の世界から退場、**「ＦＸで損したからもうやめたよ」**と酒の席で同僚や友人に話をするのです。

　結局、知識がないのに始めた自分の間違いに気づかず、ＦＸは儲からないと決めつけた残念な結末です。（私はＦＸはしていませんが）

　株式投資も同じ。最初は１００万円の元手を２０倍にすれば簡単に２千万円くらい貯まると錯覚しがちですが、そんな簡単に儲けられるほど甘くはありません。では、老後に２千万円は必要か？

　お金はあるに越したことはないですが、２千万円持っていなければ路頭に迷うわけじゃありませんよね？

　毎月の生活費が夫婦で２０万円あれば十分な家庭や１００万円でも足りない家庭もある。要は人それぞれということです。

　もっとも**２千万円の貯蓄がある６０代の夫婦はなかなかいない**はずです。

　そして将来、あなたが年金をもらう頃には今のままでは食費を切り詰めながらの生活を余儀なくされることでしょう。

100万円の元手を年1.2倍で増やしていくと
20年後には2000万円貯まる

※税金約20%で計算

年数	元手	年20%増	税引き利益	累計額
スタート	1,000,000	1.2	160,000	1,160,000
1年後	1,160,000	1.2	185,600	1,345,600
2年後	1,345,600	1.2	215,296	1,560,896
3年後	1,560,896	1.2	249,743	1,810,639
4年後	1,810,639	1.2	289,702	2,100,341
5年後	2,100,341	1.2	336,055	2,436,396
6年後	2,436,396	1.2	389,823	2,826,219
7年後	2,826,219	1.2	452,195	3,278,414
8年後	3,278,414	1.2	524,546	3,802,960
9年後	3,802,960	1.2	608,474	4,411,434
10年後	4,411,434	1.2	705,829	5,117,263
11年後	5,117,263	1.2	818,762	5,936,025
12年後	5,936,025	1.2	949,764	6,885,789
13年後	6,885,789	1.2	1,101,726	7,987,515
14年後	7,987,515	1.2	1,278,002	9,265,517
15年後	9,265,517	1.2	1,482,482	10,747,999
16年後	10,747,999	1.2	1,719,679	12,467,678
17年後	12,467,678	1.2	1,994,828	14,462,506
18年後	14,462,506	1.2	2,314,001	16,776,507
19年後	16,776,507	1.2	2,684,241	19,460,748
20年後	19,460,748	1.2	3,113,719	22,574,467

それなら今から２千万円貯める計画を立てませんか。

表 (p121.058) は**元手１００万円を２０年かけて２０００万円にする計画表**です。

まずは１年目、月２万円を目標に利益を上げると年２４万円、年利２４％です。ここは少し抑え気味に計算をして、年利２０％にしましょう。月２万円弱利益を上げることを目標にすればいいのです。１年後、元手１００万円が１１６万円（税金２０％として計算）になるのです。

２年目は１年目の元利１１６万円が年利２０％で約１３５万円、これを２０年続ければ２千万円貯まります。もちろん２０年間毎月連続で勝ち続けることは難しいですが、私のなかではあながち不可能ではないと考えております。

第6章

ETF投資で
失敗しないために
★★★★★

３８. ジャングルを見る投資

■世界全体を見ながら投資する

「木を見て森を見ず」この格言は様々なシーンでよく使われています。

株式投資の世界に当てはめると、それは一本の木、つまり、**一つの企業の業績や株価だけを見るのではなく、森という株式市場全体を見なければいけないということ**です。

その点、本書のＥＴＦ投資は日本の株式市場全体を株価で表している日経平均に連動した銘柄なので、常に森を見ながら投資をしていることになります。

しかし、日本経済だけに目を向けていてもＥＴＦ投資で勝つことはできません。

日本の株式市場が森なら世界の市場はまさにジャングルです。

ジャングルにはアメリカのＮＹ市場や中国の上海・香港市場、イギリスのロンドンの市場が存在し、そこで株式や債券の売買取引が行われているのです。

「アメリカがくしゃみをすれば日本は風邪をひく」と言われるように、日本の経済が好調でもアメリカのＮＹダウが暴

落すれば日経平均の株価もたちまち暴落、**こんなにもあっけなく株価は下がるのか**と驚くくらい下がり続けるのです。

　そのために海外の株価にも目を配る必要があります。

　さらに、**世界では毎日のように残念なことが起きている**ことも忘れてはいけません。紛争やテロ、自然災害など株価が暴落する原因が数えきれないほど存在しています。

　だから私は視野をもっとを広くして過去の事件や事故を忘れずに注意しながらＥＴＦの売買を行うように気をつけています。

３９．本の内容覚えていますか？

■それならこれだけ覚えましょう

　あなたはこれまでにどれだけの投資本を読まれましたか？

　ポイントを使った投資に興味を持ち、この本が１冊目の人もいれば５冊目、１０冊目、それ以上の人もおられるでしょう。

　本書は経済や株式投資の専門家でもない**コンビニ店員の私が書いた本なので投資の初心者が読んでもわかりやすい内容**となっております。

　よって、５冊、１０冊と読んでこられた人には簡単すぎる

内容も含まれていますが、後半の資産を増やすいくつかのヒントとテクニックについてはご満足していただける自信はあります。

　ところが、数か月もすれば本の内容は忘れられ、埃をかぶったままどこかにいってしまうかもしれません。

　そこで私が本を読むときに実行している方法をご紹介します。

　私の場合、まず本を読む時はざっと目を通し、気になったページの上部の角を少し折り曲げます。（１０ページくらい）

　そして、その折り曲げたページを読み返し、さらに気になれば今度はページの下部の角を折り曲げるのです。（３〜５ページくらい）

　後日、折り曲げたページだけを何回も読んで理解しています。それなら時間がない時でも手軽に読むことができるからです。

　時間があるときは他のページも読むので、結果として本全部が自分の知識となるのです。

　ただし、投資本は読んで理解するだけでは駄目で、実践して体に覚えさせなければ無意味です。

　本書でのキーワードはたった３つです。**騰落レシオ、ピョコン、うしろの計算式**。これだけ覚えておいてください。

　騰落レシオ。**１２０％は買われすぎ、８０％は売られすぎ**

のサイン。

　ピョコン。後章でチャートを用いて詳しく説明しておりますが、株価は必ずと言っていいくらい**どこかで調整がある。**

　うしろの計算式。**ＥＴＦ１３５７と１５７０の買い値、売り値がある程度予測できる。**

　今日から寝る前、お試しに「騰落レシオ、ピョコン、うしろの計算式」と３回呪文のように繰り返してから目をつぶってください。ただし、声には出さないこと、家族やご近所に変な人と思われますから。

　このページがたくさんの人に折り曲げられることを願います。

４０．記録と準備

■ＳＮＳを日記がわりに

　人間の記憶はいい加減なもので時間が経てばすぐに忘れます。

　「去年の秋、どんな服着てた？」とか「今年のゴールデンウイーク何してた？」など思い出せないことはよくあります。

　ひどいときは昨日の夜ごはんに何を食べたのかさえ忘れることも。

　投資をしていてもすぐに過去の出来事を忘れ、同じ過ちを

繰り返すのです。

　リーマンショックで、あんなにあっさりと株価が落ちる恐怖を経験したにもかかわらず今回のコロナショックの暴落で株を手放し資産を失った人もいるでしょう。

　その後の株価は日銀の金融緩和政策によって急激に回復、暴落前の水準に戻した銘柄もありますが、あの時は誰もがパニックで売っていました。

　もし、リーマンショックの時に経験したことを日記に記録しておけば、パニック売りをせずに持ち続けていたか暴落前に最小限の損失で売り抜けられたかもしれません。今は日記ではなくＳＮＳで簡単に記録を残しておくことができます。そうすることで次にやってくる金融パニックにも冷静な判断ができるでしょう。

　暴落は突然にやってきます。

　そのために私は常日頃から準備をしているのです。

　何事においても準備は必要です。**準備さえしておけば慌てることなく冷静に対応できる**からです。

　例えば地震。

　私の住んでいる大阪では２０１８年の６月１８日に大阪北摂地域で震度５の地震がありました。（大阪府北部地震）

　そんないつやってくるかわからない地震ですが、毎回、地震がきた直後はスーパーの商品で水が一番最初になくなりま

す。

　私は毎日のようにスーパーに買い物に行くのですが、普段は冷蔵コーナーいっぱいに陳列されている２ℓ入りのペットボトルの水があっという間になくなります。もちろん私が働いているコンビニでも地震直後は品切れ状態、テレビのニュースで水を求めた人の行列が映し出されている光景を何度も見ました。

　しかし、私は地震直後に水がなくなることを知っていたので、日頃から少しずつ多めに買って確保はしていました。

　ネット注文で水を届けてもらっていた時期もありましたが、大地震で道路が通行止めになれば配達は遅れるので今はコツコツと買う方法に変更しています。

　大阪府北部地震では幸い２日後にはスーパーに水は並んでいましたが、「喉元過ぎれば熱さを忘れる」で**１か月も経てば地震のことなど完全に忘れ、またいつもの穏かな生活**に戻ったのです。

　その時の教訓で私のように普段から水をある程度確保するようになった人が増えたかかどうかはわかりませんが、また次に大きな地震がきた時は水を求めた人の行列ができるのは想像できます。新型コロナウィルスの感染拡大により日本のみならず世界中でマスクが品薄になったこともお忘れなく。

　投資も同じ、**明日暴落しても対応できるように準備をしておけば慌てて注文をする必要はない**のです。

４１．自分の性格を知る

■投資には向き不向きがある

　個別銘柄の売買を得意としている人もいれば、ＦＸやビットコインなどの仮想通貨（暗号資産）で資産を増やしている人もいます。

　また、数台のパソコンに向かって売買を繰り返し利益を上げているデイトレーダーもいます。

　このようにいろいろな投資や投資スタイルがありますが、どれが自分に向いているのかを理解してから始めないと必ず失敗します。

　私の場合、今は日経平均連動型のＥＴＦでコンスタントに利益を上げられるようになってきたと実感しておりますが、これが自分に合った投資と気づくまでにはかなりの時間がかかりました。（個別銘柄は不向きで資産を築くことはできませんでした）

　あなたは本書に興味を持たれたので立ち読みもしくは購入されました。

　次に実践して自分にはこのＥＴＦ投資がふさわしいかどうかを見極めなくてはいけません。

　そのためには自分の性格も知っておかなければいけないで

しょう。

　「あなたは自分の性格を知っていますか?」と聞かれたとき「そんなこと当り前じゃないか!」と言う人がほとんどではないでしょうか。

　しかし、本当なのでしょうか?意外と自分のことを知っているようで知らないのです。

　例えばギャンブルで負けた時、頭に血が上って冷静な判断ができない人がいます。３万円握りしめ競馬やパチンコに行ったとしましょう。

　あっという間に２万円負けた時、ここで運がないと残りの１万円を持って家に帰ることができる人は投資でも成功できるでしょう。

　一方、負けた２万円を取り返すために大穴狙いの馬券を買ったり、財布の中身が小銭になるまでパチンコを打ち続けるような人は投資には向いていないかもしれません。

　投資をしていると負ける時が必ずあります。

　５万円１０万円なんて一瞬で手品のように消えるのです。

　そんな時、一気に取り戻そうとしてはいけません。

　負けは負けと認め、半年から１年かけてコツコツとマイナスを少なくしていけばいいのです。

　損失がゼロになればまた一からスタートすればいい。

そんなコツコツ投資があなたに合っているかどうかは私にはわかりませんが、まずは1株だけ買ってから決めればいいのではないでしょうか。

４２. まずは何でも疑うこと

■ニュース、新聞、ネット情報

今のご時世、溢れんばかりの情報が錯綜しています。

そんな情報を全部鵜呑みにしていては騙されるだけです。

ニュースだってそう、まず「それホンマかいな？」と疑うくらいでいいと思っています。

政治家を信用してはいけないことはすでにお伝えしましたが、私たちのまわりにはたくさんの嘘が飛び交っているのです。

教育者がすべて正しいとは限りません。

教育者も一人の人間です。いろんな考え方があって当然です。

医者もそう、炭水化物はとってはいけないと言う医者もいれば、必要だと言う医者もいる。禁煙はストレスがたまるからしないほうがいいと言う、私には信じられない医者も実際にいました。

健康テレビ番組を見ていても出演者によって意見がよく分

かれます。

そして最後はいつものお決まり文句、**「バランスのいい食事と適度な運動を心がけましょう」**です。

「そんなこと言われなくてもわかってまんがな」と突っ込んでいるのは私だけじゃないはずです。

さらに今回の新型コロナウィルスの情報はどこもかしこもバラバラ、いったい何を信じればいいのかわかりません。

しかし、何の対策もせずに生活するわけにはいかないので私は自分で判断しています。

「マスク着用、手洗い、うがい、人の集まる場所には行かない、オカンにうつさない」それだけです。

それでもいつの間にか感染するのがこのウィルス、いくら気をつけていても感染する可能性は十分にあるのです。

そんな各専門家の言うことを丸々信じるのではなく、最初は疑ってから自分の考えを整理して判断することが大切です。

特に投資の世界は騙す人間がたくさんいるので気をつけましょう。

もちろん、私が言っていることのすべてが正しいとは思っていません。あなたを騙そうとして嘘をついたりはしませんが、私の思い込みや勘違いで間違った情報を発信することも「なきにしもあらず」ですから。

４３．株は買うから損をする

■それなら売って儲けよう

　投資で成功する人は１０人に１人だと言われています。実際はもっと少ないような気がするのは私だけでしょうか。

　いずれにせよ、**失敗している人のほとんどが、買った銘柄の株価が上がらずに含み損を抱えながらずっと持ち続ける塩漬け状態もしくはやむを得ず損切りをしているのでしょう。**

　以前の私もそう、売るに売れないまま持ち続けたり、買った当時の株価から１０％以上も値下がりして渋々損切りすることもよくありました。

　株は買っても儲からないことにやっと気づくもカラ売り（信用売り）をするのは怖くてできない。

　そんなときに出会ったのがＥＴＦ１３５７です。

　ＥＴＦ１３５７は日経平均の株価とは反対の動きをするので、近い将来、市場の下落を予想すれば買い、日経平均が下落または暴落した時に売って利益を上げればいいのです。

　つまり、日経平均のカラ売り（信用売り）の役目を果たしている銘柄ということになります。

　あなたが投資初心者または株式投資の経験者でこれまで利

益を上げることができずに資産を減らし続けていたなら、一度、このＥＴＦ１３５７を買ってみてはどうでしょう。

　現在、日経平均は２万３０００円前後で推移しています。（２０２０年７月３１日時点）
　あなたがこの相場はバブルなのでいずれ暴落があると思えばＥＴＦ１３５７を買えばいいのです。
　株価は下落し続けることがなければ上昇し続けることもありません。
　今、あなたにとって日経平均が高値なのかどうかを判断してＥＴＦ１３５７を買えばいいのです。
　私がＥＴＦ投資で失敗しないために心がけていることは、
　日経平均の上昇で利益を上げるよりも、日経平均が下落した時に利益を上げるにはどうすればいいのかをいつも考えています。

４４．比較チャートも参考に

■開いたら必ず閉じるのだ

　私がデータ収集でお世話になっている**ヤフーファイナンスは日経平均の株価はもちろんのこと、個別銘柄やＥＴＦ１３５７、ＥＴＦ１５７０の株価を知ることができる便利な**

サイトです。

　そんなヤフーファイナンスでＥＴＦ１３５７の情報を調べるにはコード欄に１３５７と入力して株価検索ボタンをクリックすれば詳細が表示されます。

　前日の終値 (おわりね) や本日の始値 (はじめね)、高値 (たかね)、安値 (やすね)、出来高 (できだか) がまず最初に目に入ります。

　次に、詳細情報の横にあるチャートの文字をクリック、ＥＴＦ１３５７のチャートを見ることができるのです。その画面下に比較チャート欄があるので、コード１５７０をボックスに入力して比較ボタンをクリックすればＥＴＦ１３５７とＥＴＦ１５７０の比較チャートが表示されます。

　次の図がその比較チャートです。(059)

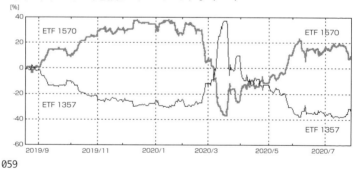

059

　ＥＴＦ１３５７（細線）、ＥＴＦ１５７０（太線）それぞれが期間の始点から何パーセント動いているのかを比較でき

ます。

　比較チャートの見方はよくわかりませんが**ご覧のように開いては閉じ、また開く形になっています。**

　２０１９年９月頃にＥＴＦ１５７０がプラス、ＥＴＦ１３５７はマイナス方向に開きはじめた比較チャートが２０２０年の３月に入った頃に閉じ、今度はＥＴＦ１３５７がプラス、ＥＴＦ１５７０はマイナス方向に開いています。

　この開き始めの時期と閉じている時期を調べると２０１９年の９月は騰落レシオが徐々に上昇して過熱状態の１２０％に達した時で、２０２０年の３月は年初来最安値を記録した３月、騰落レシオは４０％まで下がった時期です。

　そして同じような形が２０２０年の５月頃から始まっています。

　データを見ると２０２０年４月２０日に騰落レシオが１２４％だったのです。その後騰落レシオは７月に売られすぎ状態の８０％以下にまで下がったのですが比較チャートは閉じていません。

　「**このデータは使えない**」と諦めかけたのですが、比較チャートが開いている期間を見ると２０１９年９月頃から２０２０年３月頃までの期間は約６か月、２０２０年５月の６か月後は２０２０年１１月なので、その頃に日経平均が暴落すればこのチャートで予想が的中したことになります。

さて、どうなるのでしょうか？

もちろん、この比較チャートだけで判断するのは無謀ですが、このように私はいつも遊び感覚で発見を探しているので、あなたも自分だけのデータを作って楽しみながら勉強されてはいかがでしょうか。とんでもない発見があるかも。

４５. 景気のいいニュースは 警戒する

■悪いニュースはもっと警戒

景気のいいニュースが目立ち始めると暴落を警戒しなければいけないのは周知の事実。一方で、景気の悪いニュース、**特に投資家の不安を煽るようなニュースが多くなればさらに警戒しなければいけない**でしょう。

新聞を読んでいていつも感じるのが一週間前までは株価が好調のような記事が載っていたにもかかわらず、その後、アメリカや中国の経済に不安材料が出ると一転して景気が悪くなるような記事が出たりします。

私をはじめたくさんの人が「どっちやねん！」と突っ込んでいると思いますが、**景気は生き物と言われるように日々変化している**ので仕方がないのです。

ですから、景気のいい記事が目立ち始めると警戒して、日

経平均が下落すれば上昇するＥＴＦ１３５７をコツコツと買い、暴落するまでじっと待てばいいのです。

　また、景気が悪くなりそうな不安を煽る記事やニュースをよく見聞きするようになれば、さらに暴落する可能性があるかもしれないと警戒を強めるくらいがいいのではないでしょうか。景気のいいニュースは警戒、悪いニュースはもっと警戒。

　チャートを見ても、のらりくらりと方向性が定まらない時は様子を見ながら判断すればいいのです。

４６．信用取引は一切しない

■申し込まないこと

　株を買う方法には**現物取引と信用取引**があり、現物取引は口座にある金額分の株しか買うことができませんが、信用取引はある程度の資金が証券会社の口座にある場合、その資金を担保に約３倍の取引ができる制度です。

　あなたがＥＴＦ投資をするために用意していた**５０万円を証券口座に入金すれば、約１５０万円分の取り引きができる仕組み**なのです。

　ですから約３倍の利益を生むことができるのです。「**何て素晴らしい制度なんだ**」と思われた方もいるでしょうが、こ

の制度にはリスクもあるので注意が必要です。

　あなたは元々持っていないお金で株が買えるということは、その資金は**証券会社から借りなければいけない**のです。

　証券会社もボランティアであなたにお金を貸してはくれないので、その借りたお金には当然利息がかかります。

　だから、あなたはその借りたお金に利息を払いながら株を持ち続けることになるのです。

　証券会社によっては無期限で貸してくれるところもありますが、一般的に信用取引で買った銘柄は長くても6か月未満に返さなくてはいけないので、買ったときの株価よりも上がっていればいいのですが、購入時より下がっていても売らなければいけないので、長い期間持つことは避けなければいけません。

　結論として、信用取引には数々の制約があるので、初心者は株式投資に慣れるまでは信用取引をしないほうが賢明だと思います。

　お恥ずかしいのですが私は信用取引でいい思い出がないので一切しておりません。

　そして何よりも毎日不安を抱えながら株価を気にしなければいけないので私の投資スタイルには合っていないのです。

　信用取引には売買手数料の他に、管理費や貸株料、日歩が

発生するので、長く保有すればそれだけ負担が多くかかることから、一時的に利用するための制度として理解しておかなければいけません。

　また、**信用取引は買うだけでなく売ることもできる**のですが、信用取引の売りについては私のおすすめしているＥＴＦ　１３５７はそもそも日経平均の下落で利益を上げる銘柄ですから日経平均の空売りという考え方として捉えております。

　将来、信用取引を始めるにしても、信用取引申込書をあなたの口座がある証券会社に申請しないと利用できない仕組みなので今は申し込まずに現物取引を楽しみましょう。

４７．攻めない投資

■大切な資産を守る投資術

　攻める投資は疲れます。順張り、逆張りどちらにせよ攻めるときは一気に投資をするので約定した瞬間から株価が気になり夜も眠れない日を過ごさなければいけません。

　あなたの狙い通りに株価が上昇すればいいのですが、翌日から下落すれば損切りすることなどハナから考えていなかったので持ち続けるしかありません。

　あとはお決まりの塩漬け状態、買った時の株価に戻ればそれでいいやという気持ちになったらもうお終い、面白くない

ので投資をやめてしまいます。

　何度も言いますがＥＴＦ１３５７は日経平均が下がれば上昇する銘柄、ＥＴＦ１５７０は日経平均が上がれば同じように上昇する銘柄なので**日経平均の下落と上昇どちらでも稼ぐことができます。**

　騰落レシオは１２０％以上の過熱状態、日経平均も高値圏をウロウロしていたら近い将来に下がる（ＥＴＦ１３５７は上がる）可能性は高いでしょう。

　しかし、そこで慌ててＥＴＦ１３５７を一気に買うのは避けたいところです。本書の基本となるコツコツ買いを徹底すれば大切な資産を減らしたとしてもやり直せる程度の損失で済むからです。

　一方、騰落レシオが１２０％に達した翌日に投資資金全額をＥＴＦ１３５７につぎ込み、さらにその翌日、日経平均が１０００円以上、大暴落すればあなたはたくさんの利益を得ることができます。

　私がＥＴＦ投資を始めた頃はそのような買い方をしていました。事実、数日後に日経平均が暴落して儲けたこともありますが、予想に反して日経平均は上昇し続け、含み損を抱える方が圧倒的に多かったので今は余程の自信がない限り行っていません。

　もし、買うタイミングを見逃した結果、儲け損ねたとして

もこのＥＴＦ投資は何度でもチャンスがめぐってきます。

　私はその時その時の騰落レシオの買われすぎ状態、売られすぎ状態を１つのステージと考えており、「今回のステージは簡単だった」とか自分でデータを見返したときにそれぞれのステージを振り返っています。

　なので、儲け損ねたと肩を落とさずに次のステージを待てばいいのです。

　株式市場の暴落を恐れながら個別銘柄を持ち続けるよりも、明日暴落しても困らないようにしっかりと準備をするスタイルが私流のＥＴＦ投資です。

４８．コツコツ投資は絶対守ろう

■失敗しないために

　コツコツ投資は基本中の基本です。

　日経平均があなたの設定した株価よりも高値付近で推移し、騰落レシオは基準の１００％から１２０％の買われすぎ過熱状態に達したらＥＴＦ１３５７を５万円分（１株１０００円なら５０株）毎日購入します。（手数料は除く）

　そして、１０日間、約５０万円分買い集めた後、日経平均が暴落した時に一気に売って儲ける方法と、騰落レシオが８０％以下の売られすぎ状態に達してから数回に分けて売る

方法と、その時の状況で判断しながら利益を上げればいいで
しょう。

　しかし、**騰落レシオが１２０％から１３０％、さらに
１４０％まで上昇することもあります。**
　そのようなことを想定した場合、毎日約５万円分を買うの
ではなく騰落レシオが１２０％を記録した翌日から、日経平
均が上昇（ＥＴＦ１３５７は下落）した日にだけ約５万円分
を買う方法もあります。
　この方法はリスクをできるだけ抑えたいときに有効です。
しかし、リスクが低いということはリターンも低くなる可能
性が高いです。騰落レシオが１２０％以上になってからＥＴ
Ｆ１３５７を毎日５万円分買い続けた場合、１０日で５０万
円分購入したことになります。（手数料は除く）
　一方、騰落レシオが１２０％以上になってから日経平均が
上昇した時にだけ買うということは最短で１０日連続日経平
均が上昇しなければいけません。
　ゼロとは言いませんが１０日連続で日経平均が上昇する可
能性は低いので、実際は１５日くらいかかるでしょう。
　すると、約５０万円分買っていない段階で日経平均が下落
すれば儲け損ねます。
　もちろん、毎日約５万円分買っていても２日後、３日後に
日経平均が暴落することもよくあるので、

　その時は一端利益を確定して、売った時の株価もしくは買った時の株価よりも安い値段で指値注文しておけばいいのです。

　また、騰落レシオが１２０％に達し、さらなる日経平均の上昇を警戒して、日経平均が３００円以上暴騰した時だけを狙って一気に買う方法もあります。

　これは一か八かの賭けのような投資ですが、これまでに毎日コツコツ約５万円分買った平均価額よりも安い株価ならやってみる価値はありそうです。

　面倒ですが毎日約５万円分買ったと仮定して電卓で計算、平均価額よりも安い株価を前日に指値注文しておけば翌日、寄り付きから日経平均が暴騰すれば意外と安い値段で買えるかもしれません。

　ただし、これも日経平均が上昇した時にだけ買う方法と同様、買われすぎの１２０％になってから日経平均が１日３００円以上暴騰することなく下落すれば、ＥＴＦ１３５７は１株も購入できないので儲けるチャンスを逃したことになります。

　いずれにせよ、コツコツ買いは基本ですから、初心者の方は１日５万円分も買わずに１万円～２万円分（１株１０００円なら１０株～２０株）から始める方法がおすすめです。

４９. いざという時の逆指値

■損失を抑えるために

投資に絶対はありません。専門家の予想が外れることはよくあります。

当然ながらコンビニ店員の私もです。そのために私は**コツコツ投資の徹底**をおすすめしています。

騰落レシオが１２０％を越え始めた頃からＥＴＦ１３５７を少しずつ買い、手元資金５０万円分使い切ったら、あとは**日経平均が下落して利益がでれば数回に分けて売るだけの簡単な投資**です。

しかし、予想に反し日経平均は上昇、あなたが買ったＥＴＦ１３５７は下落して含み損が増え続けることもあります。

そこで、あなたがこの先もっと日経平均が上昇するのではないかと不安になった場合、逆指値を使うことで損失を抑えることができます。

２０１９年２月５日、騰落レシオは買われすぎ状態の１２０％を大きく超えた１３３％をつけました。当然、買われすぎ状態なので翌日からＥＴＦ１３５７を終値で約５万円分毎日買います。

146

　平均取得価額は約１２４９円で３９５株の保有です。（手数料は除く）しかし、日経平均はその後も上昇し続け、あなたが保有しているＥＴＦ１３５７は約１５％の下落、７万円以上の損失状態です。（かなりショックですよね）

　そこで、そうなる前に逆指値注文しておけば損失を抑えられるのです。３万円くらい損したら売るようにＥＴＦ１３５７を逆指値の１１７５円で売り注文、この場合、１１７５円まで下がれば勝手に売られるので３万円弱の損失で済みます。

　このように**逆指値を使うことで日中は本業に集中できる**ので安心です。ちなみに日経平均はそこから下落し続けＥＴＦ１３５７は６月４日には１２８２円まで上昇しました。もし、逆指値注文はせずにずっと持ち続けていたら損するどころか１万円以上の利益を得ることができたのです。

　もちろん損失を抑えるために逆指値を使うかどうかはあなたが決めることなので、こういう方法があるとだけお伝えしておきます。

５０. 日銀は味方か敵か

■ＥＴＦの大株主

　日銀（日本銀行）はこれまでに３０兆円以上のＥＴＦを購入しています。

　基本、日銀は市場の株価が大きく下落した時にＥＴＦを買い入れます。（詳細は「指数連動型上場投資信託受益権（ＥＴＦ）および不動産投資法人投資口（Ｊ－ＲＥＩＴ）の買入結果ならびにＥＴＦの貸付結果」で検索）

　その日銀が買っているＥＴＦは日経平均に採用されている２２５銘柄を一つにまとめたものです。

　ではなぜ、そのようなことをするのでしょうか？

　市場の株価、つまり日経平均の株価を安定させることが目的です。

　株価が下がり続ければ経済は落ち込みます。

　なぜ落ち込むのかを私に聞かれても困りますが、東京大学を出られた頭のいい人たちが一生懸命に他人のお金を有効に使うことを考えているので、**コンビニ店員の私が「その政策間違っていますよ」と言っても「ほっといてんか」と鼻であしらわれるだけ**です。

　だから私は日銀を上手く利用して日経平均が前場で大きく下げた時にＥＴＦ１５７０を買い、時給９６４円の最低賃金で５時間働いて得る５千円足らずの派遣アルバイト代分を稼がせていただくこともあります。

　しかし、日中、本業がある人はこんな、ちょデトレ（私が名付けた、ちょこっとデイトレードの略）はできません。

　このまま日銀のＥＴＦ買いが永遠に続くとは思いませんが、将来、あなたがＥＴＦ投資でプロを目指すときはこの手法を使ってください。

　ただし、持ち越さないこと。

　ちょデトレの基本は当日決済、前場で日経平均が暴落したときに後場の日銀ＥＴＦ買い入れを期待してＥＴＦ１５７０を買うのです。しかし、後場に必ず上昇するとは限りません。

　そのままさらに暴落することもあるので数千円利益が出たら売り、損しても潔く失敗を認めて損切りを徹底してください。

　日銀が何を考えているのかは関係者以外誰にもわかりませんが、いま株価を是が非でも落としたくない雰囲気を感じたとき、特に政治批判が目立つ時や政権の支持率が著しく低下したときは効果が期待できます。

　ここ数か月の日経平均は２万１５００円から２万３０００円をウロウロしている状態です。この先、２万５０００円を

試す展開があるとか秋には新型コロナの感染が広まるので2番底があるという予想を専門家のみなさんが好き勝手に言っていますが、正直、私にはわかりません。しかし、自分だけの予想はしております。

　日銀の敵は外国人投資家です。外国人投資家は日本の株式市場を金儲けの場として参加しています。だから、日経平均が高値だと判断すれば一気に日本株を売って利益を確定させ、暴落すれば空売りの買戻しで利益を上げるのです。

　そんな外国人投資家の動向も注意しながら私はＥＴＦ投資をしているので日銀は私にとっては味方でもあり、敵でもあるのです。

５１．セミナーに参加しよう

■必ず一つは勉強になる

　株式投資初心者が一番やってはいけないこと、それは何の知識もなく一攫千金を狙って大切な資産をつぎ込むことです。

　あなたが全くの素人もしくは投資歴１年以内なら、本やネットだけの情報を頼りにするのはとても危険です。

　リーマンショックで資産の大半を失う前の私にアドバイスをするなら「**１０万円出してでも実績のある投資家のセミ**

ナーを申し込みなさい」と助言していたでしょう。

　しかし、確実に儲かる保証のないセミナーに１０万円出す
勇気はないので結局、今の私からアドバイスを受けても申し
込んでいなかったはずです。

　独学で投資をすればいとも簡単に１０万円、２０万円は消
えてなくなります。

　そして安易な気持ちで始めた自分を責め、１０万円のセミ
ナーを申し込めば結局２０万円、３０万円のマイナスから投
資が再スタートするわけです。それなら最初からセミナーを
申し込んでおけばよかったと後悔しても遅いのです。

　しかし、セミナーを申し込んだからといって確実に儲けら
れるほど簡単な世界でもありません。

ではどうすればいいのか？

　そこで私が行っていることを紹介すると、証券会社主催の
セミナーや著名投資家の無料または低額（１０００円くらい）
のセミナーに参加するのです。必ず勉強になる情報の一つは
教えてくれます。そうでないと数万円、数十万円もするセミ
ナーを申し込んでもらえないからです。

　そしてセミナーが終われば講師や受付の人に「ありがとう
ございました」とお辞儀をして帰宅、交通費はかかりますが
有意義な時間を過ごすことができます。

主催者はこの無料セミナーや低額のセミナーを受けていた
だくことによって新規顧客や数万円以上のセミナーを獲得す
ることが目的なのでセミナーが終了すれば勧誘してくること
もあります。

　しかし、そこはお礼を言って帰ればいいだけ。もし本当に
そのセミナーが素晴らしいと感じたとしても一端帰宅してか
ら考えればいいのです。

　セミナー費用数万円、数十万円を出したくないあなたはま
ずこの日経平均連動型のＥＴＦでコツコツと利益を上げるこ
とから始めてください。

　そしてコンスタントに利益を上げられるようになってから
個別銘柄を買うなり、安くないセミナーを申し込んでもっと
レベルを上げればいいのです。

ETF投資の
プロになる

★★★★★

５２．自分で考える

■推奨銘柄を買っても実力はつかない

　私はプロの投資家ではなく中年コンビニアルバイト店員です。実際、私よりも投資で稼いでいる人はたくさんいます。

　だから私は「いまＥＴＦ１３５７を買いなさい」「次はＥＴＦ１５７０を買いなさい」と大儲けができるアドバイスはできません。

　ただ少しだけ、みなさんよりも多くのＥＴＦ投資で参考となる過去の指標やデータを持っており、そのデータをもとに自分で考えながらコツコツと利益を上げているだけです。

　昨年の夏、証券会社主催の無料セミナーに参加させていただきました。

　セミナー会場は平日の１３時だというのに満席状態。それもそのはず、参加者を見渡すとリタイアされた人ばかり、中年の私が参加者の中で最年少だったでしょう。

　そんなセミナーで講師の人が推奨する銘柄をみなさん一生懸命にメモをとられていました。実に勉強熱心な方ばかりです。

「これからは○○関連の銘柄が伸びますよ」と言われたとおりに株を買っていても投資の実力はつかないでしょう。

たしかにその時のアドバイスによって利益を上げることができるかもしれませんがそれっきり、次は何を買えばいいのかわからないのですから。

私のツイッターやブログの書き込みを全部鵜呑みにしてもいけません。

今でこそ少しずつ利益を上げられるようになってきましたが判断を見誤ることもあります。

投資の力をつけるためにはそんな誰かの情報だけに頼るのではなく、**あなたが自分自身で考えながらＥＴＦ投資をすることが大事なのです。**

「最近、景気のいいニュースばかりだから警戒しよう」とか「トランプ大統領が選挙に負けたらアメリカはどうなるのか？」「ＥＵを離脱したイギリスは？」「ギリシャの経済は？」など市場が楽観ムードの時にこそ逆に意識することで突然の暴落にも対処できるようになります。

自分で考えてコツコツと利益を上げられるようになれば実力は必ずついてきます。

さあ、**あなたも自分で考えながら私と一緒にＥＴＦ投資のプロを目指しましょう。**

５３. １〜３か月先をよむ

　１年後の株価を予想するのは難しいですが、３か月先までなら何とか予想できそうです。予想にあたって判断する材料はたくさんあるものの、なかでもわかりやすいのが選挙です。

　与党は選挙で勝って政権を守るためにあらゆる手段を使います。そして、与党が一番利用しやすいのが日銀です。

　日銀は市場の株価が大きく下がればＥＴＦを大量に買い、無理やり株価を上昇させてあたかも景気がいいように錯覚させます。そこで、目先の恩恵を受けた企業や人は政権与党のおかげだと勘違いして投票します。

　また、選挙は勝たなければ意味がないので有権者にとって利益となる公約を掲げて投票に来てもらう戦略を立てます。

　とりわけ、高齢者は選挙に足を運んでくれます。そのため、この人たちにとって生活がしやすい公約を出せば投票してもらえるのがわかっているから笑顔で握手をして「長生きしてね」と優しく声をかけた後、背中をさするのです。

　当然、高齢者を優先してくれる政治家に投票するので選挙に行かない投票率の低い若者からは支持されなくてもいいのです。

　このように国民ほったらかし、選挙のことだけしか考えていない政治家が多いと私は感じています。だからこそ、そんな政治に頼らないためには私たちが自立して自分の資産を増やすことが必要ではないでしょうか。

　２０１９年の１０月から騰落レシオは買われすぎの過熱状態がずっと続きました。正直、私はここまで長く続くとは予想していませんでした。

　しかし、私は確信していたのです。この先、必ず暴落がくることを。ただし、私がＥＴＦ１３５７の買いをすすめた後、日経平均が暴騰すればＥＴＦ１３５７を買った人は損をするので無責任なＳＮＳでの発信はしませんでした。

　そして年末にかけてコツコツとＥＴＦ１３５７を買い集め２０２０年１月６日大発会の暴落で利益を確定。

　これは３か月先のことを私なりに考えていたからできた技です。もちろん予想を外すこともありますが何も考えていない人よりかは断然いい結果が出ている自信はあります。

５４．成功したら教えてあげよう

■さらにレベルがアップする

　あなたがポイント投資からＥＴＦ投資へとステップアップして少しでも利益を上げられるようになればきっと誰かに

しゃべりたくなると思います。

　「最近、ポイントを使った投資を始めたんだ」と、仕事仲間や友人、家族や恋人に話をするでしょう。

　すると興味のある人は「ポイント投資って何？」とあなたに聞いてきます。

　もちろん、あなたは買い物で貯まったポイントやポイントと現金を組み合わせて投資ができることを丁寧に説明されます。何も知らない人は次々とあなたに質問をしてくるはずです。銘柄選びや買い方、売り方などあなたが経験したことを聞いてきます。

　会話が弾み、**「ＥＴＦ投資でも少し儲けているんだ」**と今度は自信たっぷりであなたは話し出します。

　すると、以前から投資には興味があったけれど、何をどうすればいいのかわからない人はポイント投資をしているうえ、本格的な投資で稼いでいるあなたを尊敬の眼差しで見てくるかもしれません。

　そしてさらに「ＥＴＦって何？」って質問されるとポイント投資のことを聞かれた時のようにあなたはきちんと説明されることでしょう。

　しかし、本書に書いていないことやあなたが知らないことを聞かれると当然答えられません。

　そこで勉強熱心なあなたは自分で調べてその人にまた教えるはずです。そうすることであなた自身が自然と成長します。

　投資に興味のない人に無理やりすすめては嫌われますが、相手の人が興味を持てば**あなたは本書で得た知識とテクニックを教えてあげることでスキルがアップ**します。

　私も本を出したことがきっかけでたくさんの人からのご質問やご意見をいただき、そのおかげでさらに勉強して知識が増えました。

　ＥＴＦ投資であなたがプロを目指すなら、投資のことなど全く知らない人に教えてあげることも一つの方法でしょう。

５５. 窓が開いたらご用心

■開けっ放しか閉めるのか

　２０１９年の９月から上昇し続けた日経平均は２０２０年の１月１７日に年初来高値を更新、２万４１１５円９５銭を記録しました。

　当然、日経平均が上昇すれば同じ動きをするＥＴＦ１５７０も上昇、こちらも同様に２０２０年の１月１７日に年初来高値の２万３２４０円をつけました。

　その後、**新型コロナウィルスの感染が拡大して世界中が不安と恐怖に包まれる中、米国株式市場は暴落、今回の出来事ではじめて聞いた「サーキットブレーカー」という一時的に取引を停止する深刻な事態**にまできていました。

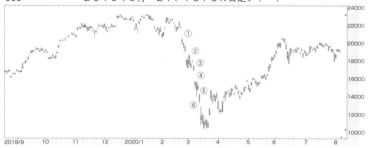

060　　　　　２０１９年９月〜ＥＴＦ１５７０の日足チャート

　日経平均は２月の後半から毎日のように暴落、このまま日経平均は１万５０００円まで下がるのではないかと予想した専門家もいたくらいです。（もちろん予想は外れました）

　チャートをご覧ください。これが２０１９年９月から上昇していたＥＴＦ１５７０の日足チャートです。(060)

　①〜⑥までの番号が窓です。

**　窓とはチャート上のローソク足とローソク足の間にできる空間です。**

**　前日の安値（高値）よりも翌日の始値が安値（高値）でスタートし、そのまま前日の安値（高値）で売買が成立せずにその日が終了するとこの空間が発生します。**

　これを投資用語で「窓が開く」と表現します。季節はまだ寒い日が続いているのにこんなに窓を開けなくてもいいのではないかと思いましたが相場には届きませんでした。

　結果、日経平均とＥＴＦ１５７０は３月１９日に年初来安値を共に更新しました。

　その後、世界各国の中央銀行による大規模な金融緩和で株価は急上昇、あんなにたくさん開いていた窓が次々と埋まったのです。

　相場には**「埋めない窓はない」**と言われる格言がありますが、今回のコロナショックでは格言通り窓はほとんど埋まりました。

　今のところ最初に開けた窓①（２万１７４０円）は風通しを良くするために開けっ放し状態ですが、こんなにあっさりと他の窓が埋まるとは想像できませんでした。

　恐るべし金融緩和。というよりもコロナバブル。

　今もなお、新型コロナウィルスは一向に収まる気配すらないのですが、このような大暴落で次々とチャートに窓が開いた時は注意しましょう。

５６. 自己責任だから やりがいがある
■利益はすべて自分の財産

　あまり好きな言葉ではありませんがここではあえて使わせていただきます。

「投資は１００％自己責任です」

　買うのも売るのもあなたが決めることなので、この会社の株を買いなさい、次はあの会社の株を買いなさいと言われて

株を買い、もしその会社が倒産しても買う決断を下したのはあなただからすすめた人を責めてはいけません。

「君がそう言ったから僕はこうしたんだよ」とか「あなたがああしろと言わなければ私はしなかったのよ」と何でもかんでも他人のせいにする人はいます。

それも結局は自分で決断を下したのですから言った相手を責めてはいけないのです。自分の考えと違っていたり不安に思えばはっきりと断ればいいだけなのに。

話は投資にもどりますが、自己責任は一見ネガティブな言葉ですが考え方を変えれば自分次第でたくさんの収益を生み出すことができます。

例えば営業で数千万円の大口契約を獲得したとしても利益のほとんどは会社に入ります。

そのかわり毎月必ずもらえる給料と年2回のボーナスが支給されるのです。

一方、投資は儲けた分は全部自分の懐に入ります。だから利益を上げる方法を知っている人はやめられないのです。

投資をやめる人は損をして資産を失った人です。おそらくこの人たちは書店で買った本や雑誌、セミナーでおすすめ銘柄を教えてくれた専門家に責任転嫁しているはずです。

最終的に買う決断をした自分を責めずに。少し厳しいことを言いましたが、その点をふまえてＥＴＦ投資を行っていただき、あなたの大切な資産を守ってください。

５７．もっといい方法があるはずだ

■将来ゆとりのある生活を実現するために

　私は自分のＥＴＦ投資が完璧だとは思っていません。なぜなら各ステージの最安値で買って最高値で売ることができていないからです。

　しかし、これはプロでも不可能、できるだけそれに近い株価で売買できるようにいつも試行錯誤しています。

　今でも大儲けはできていませんが負けない投資だと自負する一方、それで満足はしていません。ＥＴＦ投資のプロを目指している私はもっといい方法があるはずだといつもＥＴＦのことばかり考えています。

　そんな私のＥＴＦ投資で一番重要なのはデータです。３年前から毎日記録しているデータは私の宝物です。

　万が一、これを失ったら正直、３日間は寝込みます。これまで一度も休んだことのないコンビニへもショックで行けなくなるでしょう。このデータがある以上、ＥＴＦ投資のテクニックは上達すると確信しています。

　そして、チャートも重要です。１日、１週間、１か月の株価を始値（はじめね）、高値（たかね）、安値（やすね）、終値（おわりね）と表現されているローソク足をグラフ化したもので、

日足チャート、週足チャート、月足チャートがあります。

　一般的に日足チャートを基準に将来の株価を予測するのですが、慣れてくれば週足チャート、月足チャートも活用しましょう。最初は拒絶したくなりますが、このチャートを見続けていると不思議なもので何となく先が予測できるようになってくるのです。

　あなたがＥＴＦ初心者だとしても５年後、１０年後、私よりも稼いでいるかもしれません。

　いえ、稼げる可能性は十分にあります。私もあなたに負けないようにこれからも努力をするので、お互い腕を磨きながら将来は、ゆとりのある生活ができる投資家を目指しましょう。

５８. チャートで先を予測する

■ピョコンだけで儲ける方法

　個別銘柄は株価が下がり続けることはたまにありますが、ＥＴＦ１３５７はないと断言できます。今後、下落トレンドになったとしても一直線でチャートが形成されることは皆無に等しいです。

　図 (061) を見ていただければわかるように**ＥＴＦ１３５７は下落しながらも所どころで調整が入っています。（〇印の箇所）**

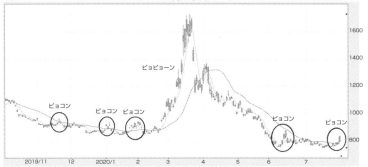

061　チャートで先を予測しよう

　これは上昇し続けている日経平均が上がりすぎだと判断し
た投資家が利益を確定するために売り、一時的な下落によっ
て反対の動きをするＥＴＦ１３５７の株価が上昇して作られ
たチャートです。

　これを私は**ピョコンと名付けており**実際ツイッターでも
時々使って発信しています。

　例えば、日経平均が上昇トレンド（ＥＴＦ１３５７は下落
トレンド）に入り、市場は楽観的な雰囲気でまだまだ上昇す
るのではないかと期待します。

　そんな時、冷静なあなたは**いつかピョコンがあると予想し
て虎視眈々とＥＴＦ１３５７を買い集めます。**

　そして数日後、日経平均の下落でＥＴＦ１３５７を売って
利益を確定すればいいのです。

　「あれ？数か月前に同じような形のチャートがあるぞ！」
と気づけばチャンス。

　もちろんピョコンがいつも上手くいくとは限りませんがそ

れだけを狙った年数回の売買だけでも面白いと思います。

今回のコロナショックではピョコンからビョビョーンにまで発展しましたが、数年後、こういう相場も起こり得るので、**このチャートは私にとって大変貴重**です。

ピョコン投資、一度お試しあれ。(ビョビョーンも警戒しよう)

５９．指標と先読みと勘

■コツコツ投資で力をつけよう

私がこのＥＴＦ投資で重要な行動を３点あげるとしたら、まずは**騰落レシオを毎日チェック**して株式市場が買われすぎなのか売られすぎなのかを見ることです。

ＥＴＦ投資における三種の神器の一つです。

騰落レシオにつきましては別の章で詳しく説明しましたが、日経平均の株価はこの指標をチェックするだけで今後上昇するのか、それとも下落するのかを予想できると言っても過言ではありません。

実際、私はこれまでに作ってきたデータを参考にしながらＥＴＦを売買して利益を上げているので、何もしていない人よりかは勝率の高い投資ができているはずです。

日経平均、ＥＴＦ１３５７、ＥＴＦ１５７０の株価と騰落レシオだけ記録しておけばいいのです。

　それだけ重要な指標だと認識していただければ、これからのあなたにとってのＥＴＦ投資に役立つでしょう。

　次に**先を読む力**。株価は６か月先を表していると言われますが果たしてそうでしょうか？

　６か月先のことなんて誰にもわかりません。しかし、先を読むことは大切です。明日の株価、３日後の株価、１０日後の株価…毎日株価のことばかり考えるのも疲れますよね。そこで**私の先読み方法は１〜３か月後に焦点を当てています**。

　２０２０年８月現在、私は秋の出版に向けて只今本書を執筆しております。日経平均は２万２０００円から２万３０００円付近をウロウロしている状態、３月の大暴落から一気に７０００円近くも上昇したのです。

　そして、例えば今からちょうど３か月後の**２０２０年１１月頃には新型コロナウイルスも収束して世界の景気は回復、日経平均は連日高値を更新、２０２１年には２万８０００円、３万円も見えてきそうだと専門家が予想したとしましょう。**

　あなたにはこれからの日本経済が、そしてアメリカや中国を中心とした世界経済がこのような状況になっていると想像できますか？

　私には想像できません。なぜなら新型コロナウィルスの問題が何も解決していないのですから。

　もちろん早く治療薬やワクチンができることを望んでいま

すが、このウィルスは一筋縄ではいかない気がするのは私だけじゃないはずです。

　最後に**勘**。これは言葉では説明しにくいのですが何となくおかしいなと感じることが投資をしていると養われてくるのです。

　もちろん悪い予感です。

　私はこの相場では２番底があると思っています。

　それは**日本の株式市場を支配している外国人投資家がこのまますんなりと、このコロナ相場を終わらせるとは到底思えない**のです。

　株価が目一杯まで上がるのを息を潜めて待ち、一気に売り仕掛けしてくる予感がします

　日経平均が前場で大きく下げると日銀がＥＴＦの買い入れを実施するとの観測が高まり、それを期待した投資家によって後場の寄り付きから上昇します。

　このように日銀が株価を下支えする相場が続くと日経平均は下げるどころか上値を試す展開になってきます。

　そんな相場を楽観した個人投資家が買い上げている日本株をここぞとばかりに畳みかけて売ってくるような気がするのです。

　もちろん予感が外れることもありますが勘を磨くことで損をしにくい投資ができるようになってくるはずです。

６０．欲張りは最大の敵だが

■ＥＴＦ投資のプロを目指そう

「欲張りは最大の敵」

　これは私がモットーとしている言葉ですが、これからも
ずっとこの言葉を自分にいい聞かせながらＥＴＦ投資でコツ
コツと利益を上げるつもりです。

　しかし、これは日頃の投資に対しての心構えなので、**将来、
ＥＴＦ投資のプロを目指している私は現状に満足せず、さら
なる上を目標に置いています。**

　コツコツ投資は基本中の基本です。月５万円、１０万円儲
けることがどれだけ難しいのかを私は知っているので、ＥＴ
Ｆ投資初心者の方はもちろんのこと、利益をなかなか上げら
れなかった人にはまず最初に負けない投資を目標にしていた
だきたいのです。

　その行為を半年から１年継続してコンスタントに利益を積
み重ねていくことができれば、もうあなたは立派なＥＴＦの
投資家です。

　ただし、そこでそのまま月１、２万円稼ぐことに満足して
しまうと大儲けはできないＥＴＦ投資家で終わりです。さら
に上を目指す私の夢はＥＴＦ投資で利益を上げて１億円の残

高が記帳された預金通帳を見ることです。ここまでくれば「ＥＴＦ投資のプロ」と呼べる領域と思い、本気でプロを目指しています。

　本書に則り、欲張らずにコツコツと利益を上げるテクニックさえ掴めば、あなたにもＥＴＦ投資のプロになれる可能性は十分にあります。

　楽してお金儲けはできません。

　しかし、受験生のように毎日毎日数時間、投資の本を読む必要はないのがこのＥＴＦ投資の特徴です。

　移動平均線やローソク足を詳しく解説されている投資本はたくさんあるので、本書１冊に頼らずにそのような本とあわせて読めば一層実力はつくでしょう。

　急がずに２０年後、３０年後を見据えた計画を立てることで将来、１億の数字が記帳されたあなたの預金通帳を見ることができるかもしれませんよ。

６１．ここだけの話ですが

■サインがでたら準備する

　本書の前半は投資の初心者、特に２０代、３０代の若い人たちが買い物で貯めたポイントを使った投資からスタートして、ゆくゆくは現金も使いながら本格的な投資をするための

手引書です。

　ここで改めておさらいすると、ポイント運用→ポイント投資→スマホを使った少額投資→ＥＴＦ投資へと進み、ＥＴＦの買い方と売り方を説明しました。

　また、本書を読めば必ずＥＴＦ投資で勝てるというわけではなく、最後は自分で考えて売買してこその投資であると述べてきました。

　さらにここだけの話をさせていただくと、**私はＥＴＦ投資初心者の方やＥＴＦ投資歴２、３年の人よりも数多くのデータをとってきて、そのデータを何回も見ながら過去の売買を振り返っています。**するとひょんなことから気づいたのです。

　p172・173に表示しているデータは私が一番信頼している指標の騰落レシオに関するデータです。(062)

　騰落レシオにつきましては何度も登場してきたのでお忘れになることはないと思いますが、**この騰落レシオが買われすぎ状態の１２０％を示してから数日後、日経平均が高値に達し、売られすぎ状態の８０％を記録してから数日後、安値になっている**ことがわかったのです。

　従来の私の考えは、騰落レシオが９０％、１００％、１１０％と徐々に上昇し、過熱状態の１２０％に到達してから、コツコツと買っていたＥＴＦ１５７０を数回に分けて売り、それと同時にＥＴＦ１３５７をコツコツと買う方法を推

奨してきました。

　しかし、**稀に過熱状態になってからもぐんぐんと上昇する
こともある**のです。

　それが２０１９年９月１３日です。この時、日経平均
は２万１９８８円、ここでコツコツと買っていたＥＴＦ
１５７０を売るのはいいのですが、ＥＴＦ１３５７をトー
タル５０万円分買う場合、本来なら翌営業日以降、毎日約
５万円分ずつ計１０日間、終値でコツコツと買います。する
と、ＥＴＦ１３５７の平均取得価額は約１０５５円で株数は
４７０株です。（手数料は除く）

　１０日間買い集めた２日後の１０月３日に日経平均は一時
５００円の暴落、ここで全株売っていれば２万３０００円ほ
どの利益を上げられたのですが、騰落レシオを見ると前日
１０月２日はまだ過熱状態の１４１％、普通に考えればここ
からさらに下落すると予想します。

2018年1月5日～2020年4月20日までに騰落レシオが**120%以上**を記録			
	2018.1.5	2018.4.27	2018.9.21
騰落レシオ	122%	127%	126%
日経平均の高値迄に かかった日数	11日	13日	6日
2018年2月9日から2020年1月28日までに騰落レシオが**80%以下**を記録			
	2018.2.9	2018.6.22	2018.10.26
騰落レシオ	80%	80%	73%
日経平均の安値迄に かかった日数	29日	9日	2日

　しかし、予想に反して日経平均は息を吹き返しぐんぐんと上昇、２０２０年１月１７日の株価は年初来高値の２万４１１５円、実に９月１３日から２０００円以上も上がったのです。**当然、コツコツと買っていたＥＴＦ１３５７は下落、含み損は約１０万円、これでもう投資をやめたくなってもおかしくない損失**です。

　そんな時に発生したのが新型コロナウィルス。そして世界同時株安。結果、この大暴落で利益を上げることができた計算になります。

　そもそも、私は日銀がＥＴＦを買う金融政策に疑問を感じていました。

　株価というものは本来、企業の業績が主な要因で決まるはずなのに、**日経平均が大きく下げた時に日銀がＥＴＦを買って株価を吊り上げるのは単なる株価操作、マネーゲームを日**

してから日経平均が高値になるまでにかかった日数				
2018.12.3	2019.2.5	2019.7.5	2019.9.13	2020.4.20
123%	133%	121%	124%	124%
1日	54日	13日	80日	32日
してから日経平均が安値になるまでにかかった日数				
2018.12.17	2019.5.9	2019.8.9	2020.1.28	2020.7.2
79%	78%	79%	78%	79%
6日	18日	10日	35日	?

銀が先頭に立って行っているようにしか見えなかったのです。

　こんな相場はいつか崩壊すると警戒していたので様子を見ながらＥＴＦ１３５７を買っていました。それがたまたま新型コロナウィルスの影響で世界中の株価が暴落しただけのこと。これが暴落のきっかけにすぎなかったと今でも思っています。

　p172・173の表のように**騰落レシオが買われすぎ、売られすぎのサインが出てから数日後にＥＴＦ１３５７の買いやＥＴＦ１５７０買いを始めても遅くはない**ということです。

　もちろん当てはまらない時もありますが、ここで買い逃したからといって落ち込む必要はないのです。

　このＥＴＦ投資は何度もチャンスがやってくるからです。

　確かに、儲け損ねることはありますが、このデータはリスクを低く抑えたい人にはとても参考になると思います。

　買われすぎ（売られすぎ）のサインが出たらＥＴＦ１５７０（１３５７）を売って利確、ＥＴＦ１３５７（１５７０）の買いは「よっこらしょ」と１週間くらい後に準備をすればいいのです。

　「売りは早かれ買いは遅かれ」の投資格言を覚えておきましょう。

６２．信用倍率もチェック

■暴落の予兆かも

　信用取引をするしないにかかわらず、この指標もチェックしておいたほうがいいでしょう。

　ヤフーファイナンスでコードを入力すれば銘柄の情報を知ることができるのは前章（比較チャートも参考に）で説明しましたが、ここでは**ＥＴＦ１３５７の信用倍率の見方と活用法について簡単に解説**したいと思います。

　まずはコード１３５７を入力して「（株価）検索」をタップ、開いたページの信用取引情報、さらに「信用残時系列データを見る」を続けてタップすればＥＴＦ１３５７の信用倍率が見れます。

　信用倍率とは、信用取引の買い残を売り残で割って算出、買い残と売り残が同じ数なら１倍ということです。

　一般的には買い残が多い傾向にあるので１倍以上の銘柄がほとんどです。

　ＥＴＦ１３５７の場合、日経平均とは反対の動きをするので信用倍率が１倍を超えていると、この先、日経平均は下が

ると予想した信用買いが優勢だと捉えることができます。

　一方、信用倍率が１倍より小さければ信用買いが信用売りよりも少ないことなので日経平均がこの先、下がる力が弱く上がる力が強いと考えられます。

　２０１８年から２０２０年７月３１日までのＥＴＦ１３５７の信用倍率を調べると最も倍率が高かったのは**２０１９年１２月６日の７３．３６倍で、最も倍率が低かったのは２０１８年１２月２１日の１．５６倍**です。

　もう記憶にないのですが、その翌営業日の２０１８年１２月２５日に日経平均は１０００円以上暴落していたのです。

　記憶に新しい**２０２０年のコロナショックでは、前年２０１９年１２月６日の７３．３６倍から２月２１日の３１．５７倍に下がった信用倍率が３月１３日には２．３８倍まで急落**、こちらも４営業日後の３月１９日までに１０００円以上日経平均は下落しています。

　こうして振り返るとＥＴＦ１３５７の信用倍率が高い時は、日経平均が高値だと判断した大口の投資家が、この先の下落を警戒して信用取引で株を買い集めている状態だということが想定できます。信用倍率が高くなってきたら数か月後の暴落を警戒してもいいかもしれません。

６３．高値で買った時の対処法

■平均取得価額を下げる

　株で利益を上げるためには安く買って高く売ることです。

　「そんなことわかってまんがな！」と叱られそうですが、これができない人がたくさんいるので株で勝てない人が９０％だといわれる所以です。

　日経平均連動型のＥＴＦは日経平均が今現在、高値なのか安値なのかを見極めなければいけないので、**日経平均の株価が高値だと思えばＥＴＦ１３５７を買い、安値だと判断すればＥＴＦ１５７０を買えばいいだけ**です。

　しかし、専門家でも日経平均の予想はむずかしく、以前の私はしょっちゅう外し、高値でＥＴＦ１３５７やＥＴＦ１５７０を買ってしまったこともありました。

　そのためにコツコツ投資を推奨しているのですが、調子がいいと気が緩み欲が出てしまうのが人間です。

　p178の表をご覧いただきながら、実際、私がＥＴＦ１３５７を高値で買ったときの悪い例を解説します。(063)

　（※投資額はわかりやすく５０万円で設定）

　２０２０年３月２４日、日経平均は前日より１２０５円上昇しました。そして翌日の２５日もプラス１４５４円と大幅

に上昇、終値は１万９５４６円で２日続けての大暴騰に驚かされました。それでも、私が一番重要としている指標の騰落レシオは売られすぎ状態の８０％を大きく下回る６２％、この先、日経平均が上昇する可能性は高いのです。

　しかし、私は何を思ったのかこれは一時的な上昇と判断、２番底がすぐにやってきて日経平均は１万３０００円まで下がるはずだとＥＴＦ１３５７を２５日の終値１１５７円を５０万円分に相当する４３２株、一気に買ってしまったので

高値で買った時の対処法（手数料は除く）

	買	株数	売	株数	損益
3月25日	1,157	432			
4月1日			1,312	200	31,000
4月14日	1,088	200			
平均取得価額	1,125	432			
4月22日			1,140	200	3,000
4月30日	1,002	200			
平均取得価額	1,068	432			
5月7日			1,093	200	5,000
5月28日	848	200			
平均取得価額	966	432			
6月15日			873	200	-18,600
7月16日	761	200			
平均取得価額	871	432			
7月31日			834	200	-7,400
平均取得価額	871	232			
7月31日時点		-8,584			13,000

063

す。（手数料は除く）

翌日は寄り付きから日経平均は下落、４月１日には一時１０００円以上も暴落しました。そこで私はＥＴＦ１３５７を終値１３１２円で２００株売却、３万１０００円の利益を得ることができました。

私の予想ではまだまだ日経平均は下がると思っていたので残りの２３２株は売らずに持ち続けることに。（この時全部売っておけばよかったのですが）

その後日経平均は上がり続け、４月１４日には一時１万９７００円まで上昇、４月１日に売ったＥＴＦ１３５７の２００株を終値１０８８円で購入、平均取得価額は約１１２５円、４３２株、含み損は約１万６０００円です。

４月２２日、寄り付き１１４０円で２００株売却、３０００円だけですが利益を確定しておきました。（平均取得価額約１１２５円、２３２株）

４月３０日、寄り付き１００２円で２００株買い。（平均取得価額約１０６８円、４３２株）

５月７日、寄り付き１０９３円２００株で売り。５０００円の利益。（平均取得価額約１０６８円、２３２株）

５月２８日の終値８４８円を２００株買い。（平均取得価額約９６６円、４３２株）

６月１５日の終値８７３円で２００株売り。ここではじめて損切り、１万８６００円のマイナス。（平均取得価額約

９６６円、２３２株）

　７月１６日の終値７６１円で２００株買い。（平均取得価額約８７１円、４３２株）

　７月３１日の日経平均暴落でＥＴＦ１３５７を終値８３４円で２００株売り。マイナス７４００円。（平均取得価額約８７１円、２３２株）

**　結果、損益プラス１万３０００円、含み損マイナス８５８４円です。**（２０２０年７月３１日時点）

　もし、３月２５日の終値１１５７円で買ったＥＴＦ１３５７約５０万円分４３２株を何もせずに持ち続けていたら約１４万円の含み損を抱えた状態です。

　このように損切りを交えながら売買を繰り返すことで平均取得価額を下げることができるのです。

　ただし、今回はたまたま上手くいったケースなので売買は慎重に行いましょう。あらためてコツコツ買いは徹底しなければいけないと反省したステージです。

６４．続けることが大切です

■やめたらそこで終わり

　クラウドワークスというサイトがあります。

　日本最大のクラウドソーシング事業を行っており、企業か

第7章　ＥＴＦ投資のプロになる

らの仕事をオンラインで在宅ワーカーに依頼するサービスです。新型コロナウィルスの感染拡大に伴い、営業ができなくなった店や職を失った人が急増したので、今特に注目されています。

そんなクラウドワークスですが、だれでも簡単に登録ができるので私も利用させていただいております。

企業から依頼される仕事の種類は豊富、私は空いた時間を有効に活用して専門知識は一切いらないネーミングを積極的に応募しています。

始めて１年くらいまでは採用されることはありませんでしたが、ようやく私の考えたネーミングが９００件以上の応募の中から選ばれて１万円の報酬をいただきました。（本当に嬉しかったです）

要因はズバリ、続けていたから。

投資も然り、続けることが大切だと考えております。

ポイント投資に興味を持ち本書を購入されたあなたはＥＴＦ投資にも魅力を感じ、毎日データをとりながらコツコツと利益を上げていたにもかかわらず大儲けができないからという理由でやめてしまえば、二度とこの投資にもどってこないでしょう。

そうならないためにはＥＴＦ１３５７とＥＴＦ１５７０のどちらでもいいので持ち続けることです。何も長期投資をしましょうと言っているのではなくＥＴＦ投資にかかわってほ

しいのです。

　ＥＴＦ１３５７なら１株８３４円、ＥＴＦ１５７０だと１株１万８０２０円（どちらも２０２０年７月３１日の終値）で買えます。たった１株だけでも持っていればＥＴＦ投資との関係は途切れません。

　不思議なもので、たった１株だけでも持っているとその銘柄の株価が気になりますがゼロになると興味がなくなるのです。

　せっかくコツコツ投資に慣れてきた頃なのにリスクの高い投資に手を出し、ＥＴＦ投資で稼いだ資産がなくなればコツコツ投資がバカらしくなり、やめてしまうことが一番残念なのです。

　ですから、利益が出たからといって全株を売却せずに最低１株だけでも残しながらコツコツ投資を続けられることを本書ではおすすめしています。

65. ＥＴＦ投資を好きになろう

■好きになれば必ず上達する

　絵を描くのが大の苦手です。センスが全くない。もちろん学校の成績は下の下、だから美術の授業が苦痛だった。

　かといって他の教科も普通の成績だったので得意な科目は

無きに等しかった学生時代の私です。

　勉強は全般的に苦手でしたが中でも美術と同様、特に歴史の成績は最悪でした。

　一方で私と同等またはそれよりも下の成績だったクラスメイトに大の歴史好きがいました。テストは常にトップクラス、歴史の先生と対等に話ができるほど優秀でした。

　しかし、残念なことに他の教科は平均以下、その後の進路は知りませんがある意味羨ましかったのを覚えています。

　これは投資にも当てはまると思います。私と違い個別銘柄の売買を得意としている人もいればＦＸや仮想通貨（暗号資産）を得意としている人もいます。

　それはなぜか？

　この人たちはその投資が好きだから勉強して稼いでいるのです。

　「好きこそものの上手なれ」。まさに日経平均連動型のＥＴＦ投資は私にとって趣味と言えるでしょう。

　私はこの投資が好きだからＥＴＦに関するデータを飽きもせずに毎日収集しています。

　株式投資を始めた頃は一攫千金を夢見たものの儲けるどころか貯金の大半を失いました。

　それは**私には向いていない投資だった**のです。

　読んでもわからないのに会社四季報を買って銘柄選びに時間を費やし、その結果、稼ぐことができればよかったのです

が、私の場合は全然上手くいきませんでした。

投資は儲けることが第一ですが楽しく儲けなければ続きません。

数年前にＥＴＦを知り売買を重ね、少しずつ利益を上げていくうちに楽しくなってきました。楽しいからさらに勉強するので自分でも上達しているのが手に取るようにわかるのです。

これからＥＴＦ投資を始めるあなたはこの投資を好きにならない限り利益を上げ続けることは難しいでしょう。

月たった１万円の儲けでも１年で１２万円、これまで手の届かなかったブランドの財布を買ったり、美味しいものを食べたり、ちょっと贅沢な旅行に行けると思えばワクワクしませんか？

そんなＥＴＦ投資は私にはピッタリなのです。

私のモットーでもある「欲張りは最大の敵」。これは投資でコツコツと成果を上げながら楽しむという意味を込めた言葉でもあります。この言葉を意識すれば利益を上げ続ける可能性が高くなるので投資が楽しくなり上達します。

以前の私のように個別銘柄で利益を上げられなかった人や、これから投資を始めたいけれど何を買っていいのかわからない人、月たった１万円でも儲けることができればいいと思っている人にはぜひお試しにやっていただきたいのがこのＥＴＦ投資です。

付録①・株式用語集

【約定】
株式売買で取引が成立すること。

【現物】
　株取引方法には現物と信用があり、実際に株式取引で受渡しができる株式などを現物と言う。

【前場・後場】
　ぜんば・ごばと読み、前場は午前９時から午前１１時３０分、後場は午後１２時３０分から午後３時の取引。

【寄り付き】
　前場と後場それぞれ最初の取引。最後の取引は引け。

【ローソク足】
　始値、高値、安値、終値をローソクの形で表現したもの。１日、１週間、１ヶ月を日足（ひあし）、週足（しゅうあし）、月足（つきあし）と呼ばれている。

【陽線・陰線】
　始値よりも終値が高い時や安い時にできるローソク足の種類。

【ゴールデンクロス】
　短期の移動平均線が長期の移動平均線を下から上へ突き抜けること。株価の上昇が期待できる。

【デッドクロス】

ゴールデンクロスの逆。短期が長期移動平均線を上から下に突き抜けること。株価の下落サイン。要注意。

【順張り・逆張り】

順張りは上昇、下落トレンドの流れに沿って投資することで、トレンドの流れに逆らう投資を逆張りという。

【二番底】

暴落後、好転した相場が再び悪化して底をうつこと。

【塩漬け】

保有している株の値段が下がりすぎて売るに売れない状態をさす。

【為替】

「かわせ」と読む。異なる通貨の交換は外国為替取引。ドルと円等。

【ＰＥＲ】

株価が１株あたりの利益の何倍になっているかを表したもの。目安は１５倍。

大きいと割高、小さいと割安。

【ＰＢＲ】

株価が１株あたりの純資産の何倍かを表したもの。目安は１倍。大きいと割高、小さいと割安。

【ＮＹダウ】

米国の株式市場全体の値動きを示す株価指数。正式名称は「ダウ工業株３０種平均」。

【日経平均先物取引】

将来の日経平均株価を株式のように予め決められた日に決められた価格で売買すること。

【含み損】

保有している株式が購入した時よりも値下がりしている状態。逆は含み益。

【損切り】

保有している株式が購入時より値が下がっていても売ること。逆は利食い。

【空売り】

カラ売りと読み、株が値下がりすると予想した時に証券会社から株式を借りて売る取引。信用売りともいう。

【日歩】

「ひぶ」と読む。信用取引で証券会社から借りた資金に対して1日あたりに発生する利息。

【会社四季報】

上場企業の詳細が記載された分厚い本。

付録②・ポイント交換

　本書のポイント投資では、主に楽天ポイントでする方法を紹介していきましたが、ポイントサービス自体は多くの企業が行っています。

　TUTAYA の T ポイントは少し触れましたが、amazon や Google,Apple,
LINE ポイント、WAON ポイントなど数え切れないほどあります。そして、これらのポイントを他に交換することができます。

　そのサービスを行っているのは GMO インターネット㈱で、Pointo Town(https://www.pointtown.com/ptu/top) という、業界最大級のお小遣い稼ぎサイトを運営しています。

　このサイトでは各種ポイントや電子マネー・ギフトだけでなく、現金

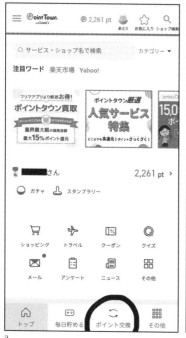

a

b

に交換することもできます。換金の自由度の高さからいって Point Town について押さえておくことをおすすめします。

　投資とは直接的に関係しないので付録での紹介になりますが、ここでは Point Town で得たポイントを、楽天ポイントに交換する方法を説明しましょう。

　Point Town のアプリをインストールをします。アプリを開きますと、下に「ポイント交換」があります。(a)

　タップして進みますと、所持ポイントは 2261 あるとわかります。(b)

　また、現金、電子マネー・ギフト券、各種ポイント、仮想通貨・投資等交換するカテゴリーがあります。

c

d

タップかページを下にスワイプすると、各社のコーナーが並んでいます。今回は楽天ポイントと交換ですので、楽天をタップ。(c)

　ポイントタウンのポイント 2200 に対して、楽天のポイント 100 に交換できます。つまり 22:1 がレートです。(2020 年 7 月現在)

　レートを確認したら、ブラウザのページに飛びます。(d)

　ポイントは現金と同等ですから、セキュリティがしっかりしていなければなりません。ユーザーに対して「秘密の質問」という、ほぼ自分しか知らないパスワードを設定します。(e)

　続けて、送られたメールから URL を踏んで手続きは終わります。(f)

　交換時には、この質問の回答を入力します。最後に確認をタップで交換成立です。(g)

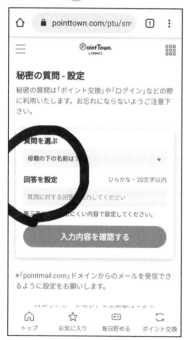

e

f

　画像dに「1週間程度で交換完了」とありましたが、実際は7月8日の手続きに対し、8月4日の実行でした。(h)

　最後に、Point Townのようなポイントサイトに対し、「コスパ最悪」「時間の無駄」という意見が聞かれます。

　無駄かどうかは個人の判断だと思いますが、一つだけお知らせしますと、Point Townでは「ポ数計」という、スマホを携行して歩いた数によって得られるポイントがあります。歩くことは大体の人がするもので、それでポイントをくれるのですから、これはアリではないでしょうか。

　割りと知られていないコンテンツのようです。検索してインストールしてみてはいかがでしょうか。

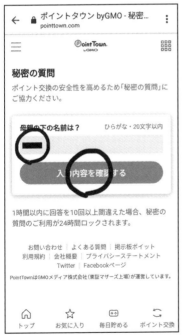

g

h

前畑うしろ（まえはた・うしろ）

元信用組合職員で、現コンビニのアルバイトが、たったの2種類のETF投資（日経225オプションではない）を武器に稼いでいる。銀行マン時代の"プロの眼"とコンビニ店員の"アマチュアの眼"、欲張りは最大の敵をモットーに売買している。一騎駆けのような気ぜわしい投資よりもじっくりゆっくり増やしていく方法を得意としている。

著書に『ポケットマネーではじめる月1500円のETF投資』(小社刊) がある。

Twitter:https://twitter.com/maehata_ushiro

instagram:https://www.instagram.com/maehata_ushiro

blog:http://ushiro-maehata.blog.jp

スマホさくさくポイント投資、少額投資

2020 年11月6日　　初版発行

著　者　　前　畑　う　し　ろ

発行者　　和　田　智　明

発行所　　株式会社　ぱる出版

〒160-0011　　東京都新宿区若葉1-9-16
03(3353)2835─代表　　03(3353)2826─FAX
03(3353)3679─編集
振替　東京　00100-3-131586
印刷・製本　中央精版印刷(株)

ISBN978-4-8272-1252-5　C0033

弊社では、投資全般に係わる相談、相場の変動予測、個別の相談等は一切しておりません。
実際の投資活動は、お客様御自身の判断に因るものです。
あしからずご了承ください。